LANGENSCHEIDTS KURZGRAMMATIK SPANISCH

VON

DR. HERMANN WILLERS

LANGENSCHEIDT
BERLIN · MÜNCHEN · WIEN · ZÜRICH · NEW YORK

Abkürzungen

a/c.	alguna cosa *etwas*
ac.	Akkusativ
alg.	alguien *jemand*
dat.	Dativ
et.	etwas
f	weiblich
f/pl.	weibliche Mehrzahl
inf.	Infinitiv
j-m	jemandem
j-n	jemanden
lat.	lateinisch
m	männlich
m/pl.	männliche Mehrzahl
n	sächlich
Vd.	usted *Sie* (*Anrede*)
Vds.	ustedes *Sie* (*Anrede in der Mehrzahl*)

Auflage: 20. 19. 18. 17. 16. | Letzte Zahlen
Jahr: 1997 96 95 94 93 | maßgeblich

Druck: Druckhaus Langenscheidt, Berlin-Schöneberg
Printed in Germany · ISBN 3-468-35340-5

Inhaltsverzeichnis

Die grammatischen Fachausdrücke und ihre Verdeutschung

Adjektiv = Eigenschaftswort: das braune Kleid
Adverb = Umstandswort: er singt laut
Akkusativ = 4. Fall, Wenfall: Er pflückt den Apfel für seinen Bruder
Aktiv = Tätigkeitsform: Der Mann schlägt den Hund
Artikel = Geschlechtswort: der, die, das, ein, eine, ein
Dativ = 3. Fall, Wemfall: Die Frau kommt aus dem Garten
Deklination = Beugung des Hauptwortes
Demonstrativpronomen = hinweisendes Fürwort: dieser, jener
Futur = Zukunft(sform): Ich werde fragen
Genitiv = 2. Fall, Wesfall: Sie berauben mich meines Geldes
Imperativ = Befehlsform: geh(e)!
Imperfekt = Vergangenheit(sform): ich ging
Indikativ = Wirklichkeitsform: Er geht nicht sofort
Infinitiv = Nennform, Grundform: backen, biegen
Interrogativpronomen = Fragefürwort: wer, wessen, wem, wen
intransitiv(es Verb) = ohne Ergänzung im Akkusativ: Der Hund bellt
Konditional = Bedingungsform: Wenn schönes Wetter wäre, würden wir ausgehen
Konjugation = Beugung des Zeitwortes
Konjunktiv = Möglichkeitsform: Frau Schmidt dachte, ihr Mann sei im Büro
Nominativ = 1. Fall: Der Mann kauft ein Buch
Objekt = Satzergänzung: Der Mann schlägt den Hund
Partizip = Mittelwort: gebacken
Passiv = Leideform: Der Hund wird von dem Mann geschlagen
Personalpronomen = persönliches Fürwort: er, sie, wir
Plural = Mehrzahl: Kirschen
Possessivpronomen = besitzanzeigendes Fürwort: mein, dein, euer
Prädikat = Satzaussage: Die Frau bäckt einen Kuchen
Präsens = Gegenwart: ich gehe
Pronomen = Fürwort: er, sie, es
reflexiv = rückbezüglich: er wäscht sich
Relativpronomen = bezügliches Fürwort: Wo ist das Buch, das ich gekauft habe?
Singular = Einzahl: Tisch
Subjekt = Satzgegenstand: Das Kind spielt mit der Katze
Substantiv = Hauptwort: der Tisch
transitiv(es Verb) = mit Ergänzung im Akkusativ: Ich begrüße einen Freund
Verb(um) = Zeitwort: gehen, kommen

I. Der Artikel (Geschlechtswort)

1. Der bestimmte Artikel

männlich (*m*)	
Singular	*Plural*
el libro *das Buch*	**los** libros

weiblich (*f*)	
la casa *das Haus*	**las** casas

sächlich (*n*)
lo hermoso *das Schöne* a **lo** lejos *in der Ferne* **lo** mío *das Meinige* **lo** primero *das erste*

Bemerkung:

Die spanische Sprache verwendet drei bestimmte Artikel: **el** — **los** für das männliche, **la** — **las** für das weibliche Geschlecht und den sächlichen Artikel **lo**, der nur vor substantivisch gebrauchten Adjektiven, Adverbien, Fürwörtern und Zahlwörtern gebraucht wird.

2. Der unbestimmte Artikel

männlich	
Singular	*Plural*
un libro *ein Buch*	**unos** libros *einige Bücher*

weiblich	
una casa *ein Haus*	**unas** casas *einige Häuser*

Bemerkung:
Die Pluralform des unbestimmten Artikels bezeichnet eine unbestimmte Anzahl (unos alumnos *einige Schüler*). Vor Zahlwörtern hat sie die Bedeutung von „ungefähr“ (unos cinco alumnos *ungefähr fünf Schüler*).

3. Gebrauch des bestimmten Artikels

Der bestimmte Artikel **fehlt** im Spanischen

a) vor den Namen der Monate ohne nähere Bestimmung (nacido en mayo *im Mai geboren*; aber: el mayo del último año *der Mai des letzten Jahres*);
b) bei den Ländernamen Suiza *die Schweiz* und Turquía *die Türkei*;
c) häufig bei der Apposition (Madrid, capital de España *Madrid, die Hauptstadt Spaniens*);
d) vor den Ordnungszahlen bei Namen von Regenten (Carlos Quinto *Karl der Fünfte*);
e) vor san bzw. santo, -a *heilig* mit nachfolgendem Eigennamen (San Francisco *der heilige Franziskus*);
f) in verschiedenen Redensarten, z. B. acusar recibo *den Empfang bestätigen*, hacer frente *die Stirn bieten*, mudarse de casa *umziehen*, cambiar de tren *umsteigen*, perder de vista *aus den Augen verlieren*, a principios (a mediados, a fines) del año *zu Anfang (Mitte, Ende) des Jahres*, a orillas de *am Ufer von*, en caso de *im Fall von*, con motivo de *mit der Absicht zu*

Der bestimmte Artikel **steht** im Spanischen

a) vor einigen Länder- und Städtenamen*, z. B. la Argentina *Argentinien*, el Brasil *Brasilien*, el Canadá *Kanada*, el Ecuador *Ekuador*, la India *Indien*, el Japón *Japan*, el Paraguay *Paraguay*, el Perú *Peru*, el Uruguay *Uruguay*; el Cairo *Kairo*, la Habana *Havanna*, la Haya *Den Haag*; la Coruña, el Ferrol (*Städte in Nordwestspanien*);
b) vor den Namen der Himmelsgegenden (el Norte *Norden*, el Sur *Süden*, el Sudoeste *Südwesten*);
c) bei Zeitbestimmungen (los lunes *montags*, llegará el viernes *er wird Freitag eintreffen*, por la mañana *morgens*, el año pasado (próximo) *voriges (nächstes) Jahr*;

* Länder- und Städtenamen stehen in der Regel ohne Artikel (América *Amerika*, Milán *Mailand*). Werden sie jedoch von einem Attribut begleitet, erhalten sie den Artikel (la América del Sur *Südamerika*, el Milán del siglo veinte *das Mailand des 20. Jahrhunderts*).

d) bei Gattungsnamen und abstrakten Begriffen (el oro es más precioso que la plata *Gold ist wertvoller als Silber*; la alegría vale más que la riqueza *Fröhlichkeit ist mehr wert als Reichtum*);
e) vor Titeln mit folgendem Eigennamen (außer Don) und vor señor und Ableitungen, sofern sie nicht in der Anrede stehen (El Rey Alfonso *König Alfons*, el señor García ha llegado *Herr García ist eingetroffen* — aber: Señor García, ¿ cómo está Vd.? *Herr García, wie geht es Ihnen?*);
f) bei Prozentzahlen (al cinco por ciento *zu 5%*);
g) nach tener bei Angabe körperlicher Eigenschaften (tiene el pelo rubio *sie hat blondes Haar*);
h) in verschiedenen Redensarten, z. B. ceder el paso *Platz machen*, dar los buenos días *guten Tag sagen*, dar la enhorabuena *Glück wünschen*, dar las gracias *Dank sagen*, escuchar la radio *Rundfunk hören*, jugar a los naipes *Karten spielen*, tocar el piano *Klavier spielen*, me da la gana *ich habe Lust*, nosotros los alemanes *wir Deutschen*, a las tres *um 3 Uhr*, son las nueve *es ist 9 Uhr*.

II. Das Substantiv (Hauptwort)

1. Geschlecht

Das Geschlecht der Substantive läßt sich im allgemeinen an der Endung erkennen.

Männlich sind fast alle Substantive auf **-o**, **-ón**, **-l** und **-r**:

el asient**o** *der Platz, der Sitz*
el coraz**ón** *das Herz*
el pape**l** *das Papier*
el calo**r** *die Wärme*

Weiblich sind fast alle Substantive auf **-a**, **-ad**, **-ión** und **-z**:

la lengu**a** *die Zunge*; *die Sprache*
la ciud**ad** *die Stadt*
la nac**ión** *die Nation, das Volk*
la pa**z** *der Friede*

Männlich oder weiblich — je nach ihrer Herkunft — sind die Substantive auf **-e**:

el golp**e** *der Schlag* (< lat. colpus *m*)
la costumbr**e** *die Gewohnheit* (< lat. consuetudo, -ine *f*)

Weibliche Hauptwörter, die mit **betontem a** oder **ha** beginnen, nehmen in der Einzahl den Artikel **el** an (ohne jedoch ihr grammatisches Geschlecht zu ändern!). In der Mehrzahl tritt wieder las ein:

el agua frí**a** *das kalte Wasser*
las aguas frías *die kalten Gewässer*

el haba gruesa *die Saubohne*
las habas gruesas *die Saubohnen*

2. Mehrzahlbildung der Substantive

a)

el amigo *der Freund*	— los amigos
la cumbre *der Gipfel*	— las cumbres

Substantive, die auf unbetonten Vokal enden, bilden die Mehrzahl durch Anhängen von **s**.

b)

el papel *das Papier*	— los papeles
la nuez *die Nuß*	— las nueces
el rey *der König*	— los reyes

Substantive, die auf Konsonanten oder y enden, bilden die Mehrzahl durch Anhängen von **es**. Auslautendes **z** wird hierbei in **c** verwandelt.

c)

el sofá *das Sofa*	— los sofás
el café *der Kaffee*	— los cafés
el rubí *der Rubin*	— los rubíes
el bambú *das Bambusrohr*	— los bambúes

Substantive, die auf betontes a oder e enden, bilden die Mehrzahl durch Anhängen von **s**, die auf betontes i oder u enden dagegen durch Anhängen von **es**.

d)

el viernes *der Freitag*	— los viernes
la crisis *die Krise*	— las crisis
el ómnibus *der Omnibus*	— los ómnibus

Substantive, die auf unbetontes es, is oder us enden, bleiben in der Mehrzahl unverändert.

3. Besonderheiten der Mehrzahlbildung

1. Zusammengesetzte Substantive, deren Bestandteile so eng miteinander verschmolzen sind, daß sie im Bewußtsein des Sprechenden als e i n Wort gelten, erhalten im Plural die Endung **-s** bzw. **-es**:

la bocacalle *die Straßeneinmündung* — las bocacalles
el ferrocarril *die Eisenbahn* — los ferrocarriles

2. Zusammengesetzte Substantive, deren erster Bestandteil eine Verbform (2. Person Singular des Imperativs), deren zweiter ein Substantiv im Plural ist, bleiben unverändert:

el limpiabotas (< limpia botas *reinige Schuhe*)
— los limpiabotas *Schuhputzer*
el mondadientes (< monda dientes *reinige Zähne*)
— los mondadientes *Zahnstocher*
el paraguas (< para aguas *wehre ab Wasser*)
— los paraguas *Regenschirm**
el portaviones (< porta aviones *trage Flugzeuge*)
— los portaviones *Flugzeugträger***
el sacacorchos (< saca corchos *zieh heraus Korken*)
— los sacacorchos *Korkenzieher*

3. Nur in der Pluralform werden u. a. gebraucht:

las afueras, los alrededores *die Umgebung*
las gafas *die Brille*
las tijeras *die Schere*
las tinieblas *die Finsternis*

4. Bei Verwandtschaftsnamen schließt die Pluralform männliche und weibliche Familienmitglieder ein:

el padre *der Vater* — los padres *die Eltern*
el hijo *der Sohn* — los hijos *die Kinder*
el hermano *der Bruder* — los hermanos *die Geschwister*

5. Im Plural eine zusätzliche, neue Bedeutung haben u. a.:

el anteojo *das Fernrohr* — los anteojos *der Feldstecher*; *die Brille*
el gemelo *der Zwilling* — los gemelos *die Zwillinge*; *die Manschettenknöpfe*; *das Opernglas*
la letra *der Buchstabe* — las letras *die Buchstaben*; *die Geisteswissenschaften*
la voz *die Stimme* — las voces *die Stimmen*; *das Geschrei*

4. Die Deklination des Substantivs

Im Gegensatz zum Deutschen, das eine Beugung des Hauptwortes in den vier Fällen kennt, ist dem Spanischen der Begriff „Deklination" wesensfremd. **Nominativ** und **Akkusativ** sind der Form nach gleich. Der **Genitiv** wird durch Vorsetzen der Präposition **de** *von*, der **Dativ** durch Vorsetzen der

* Gleiche Wortbildungen liegen vor in el parabrisas *Windschutzscheibe*, el paracaídas *Fallschirm*, el parachoques *Stoßstange*, el pararrayos *Blitzableiter* u. a.

** Gleiche Bildungen liegen vor in el portaminas *Drehbleistift*, el portaplumas *Federhalter* u.a.

Präposition **a** *zu* gebildet, was im Singular der männlichen Form zu den Verschmelzungen **del** (< de + el) und **al** (< a + el) führt.*

Singular	**Plural**
männlich	
el libro *das Buch*	**los** libros *die Bücher*
del libro	**de los** libros
al libro	**a los** libros
el libro	**los** libros
weiblich	
la revista *die Zeitschrift*	**las** revistas *die Zeitschriften*
de la revista	**de las** revistas
a la revista	**a las** revistas
la revista	**las** revistas

Während bei *Sachbegriffen* Nominativ und Akkusativ der Form nach gleich sind, wird im Akkusativ vor die Namen von *Lebewesen*, sofern sie genauer bestimmt sind, die Präposition **a** gesetzt: he visto **al** jefe de la casa *ich habe den Chef der Firma gesehen.* Bei unbestimmt bezeichneten Lebewesen (in Verbindung mit dem unbestimmten Artikel oder Zahlbegriffen) kommt der präpositionale (durch Vorsetzen von a gebildete) Akkusativ nicht zur Anwendung: buscamos una taquimeca *wir suchen eine Stenotypistin*; tiene dos (varios, muchos) hijos *er hat zwei* (*mehrere*, *viele*) *Kinder.*

5. Bedeutungswandel durch Silbenanhängung

Die Möglichkeit, durch Anhängung gewisser Silben den Sinn eines Wortes zu verändern, verleiht der spanischen Sprache eine reiche Ausdrucksfähigkeit. Die sog. Suffixe (Nachsilben) werden sowohl an Substantive wie auch an Adjektive angehängt.

Es können somit ausgedrückt werden:

a) **Verkleinerung** (mit dem Nebenbegriff des Zärtlichen, Niedlichen) mit Hilfe der Nachsilben -ito, -illo, -ico, -ete, -(e)cito, -(e)cillo, -ececito:

libro *Buch* — libr**ito**, libr**illo**, libr**ete**
pájaro *Vogel* — pajar**illo**
pan *Brot* — pan**ecillo**
sol *Sonne* — sol**ecito**
pie *Fuß* — pie**cecito**, pie**cecillo**
mano *Hand* — man**ita**
mujer *Frau* — mujer**cita**
flor *Blume* — flor**ecita**, flor**ecilla**
voz *Stimme* — voc**ecita**

---

* Beim unbestimmten Artikel treten Zusammenziehungen mit den Präpositionen de bzw. a nicht auf: de un libro, a un libro.

b) **Vergrößerung** (mit dem Nebenbegriff des Groben, Unförmigen) mit Hilfe der Nachsilben -ón, -azo, -acho, -ote:

hombre *Mann* — hombr**ón**, hombr**azo**, hombr**acho**, hombr**ote**
mujer *Frau* — mujer**ona**, mujer**aza**, mujer**ota**

c) **Geringschätzung, Verachtung** mit Hilfe der Nachsilben -aco, -acho, -ucho:

libro *Buch* — libr**ucho**
casa *Haus* — cas**ucha**

Zuweilen werden auch zwei Silben an ein Wort angehängt:

chico *klein* — chiqu**ito** — chiqu**itillo**
calle *Straße* — call**eja** — call**ejuela**

Vielfach sind durch Anhängung derartiger Silben neue feste Begriffe entstanden:

la bala *die Kugel* — el balón *der Ball*
la cera *das Wachs* — la cerilla *das Streichholz*
la rata *die Ratte* — el ratón *die Maus*

Angesichts der Vielfalt der in der spanischen Sprache vorkommenden Nachsilben kann nicht dringend genug empfohlen werden, nur solche zu verwenden, die allgemein bekannt und üblich sind. Man hüte sich vor allem davor, beliebige Wortkombinationen zu gebrauchen, über deren veränderte Bedeutung man sich nicht im klaren ist bzw. die im praktischen Sprachgebrauch nicht vorkommen.

III. Das Adjektiv (Eigenschaftswort)

1. Bildung der weiblichen Form

Entsprechend ihrer lateinischen Herkunft unterscheidet man im Spanischen *vokalisch* oder *konsonantisch* auslautende Adjektive.

Von den **vokalisch** auslautenden Adjektiven verwandeln die auf **-o** auslautenden den Endvokal in **-a** (car**o** *teuer, lieb* — car**a**), während die auf **-e** oder **-a** auslautenden Adjektive unverändert bleiben (libr**e** *frei*, belg**a** *belgisch*). Von den **konsonantisch** auslautenden Adjektiven wird eine weibliche Form nicht gebildet (un cuento difícil, pero interesante *eine schwierige, aber interessante Erzählung* — una lección difícil, pero interesante *eine schwierige, aber interessante Lektion*). Eine Ausnahme bilden die auf **-án**, **-ón** und **-or** auslautenden Adjektive* (holgaz**án** *faul, träge* — holgazan**a**, burl**ón** *spaßhaft* — burlon**a**, trabajad**or** *arbeitsam* — trabajador**a**) sowie die konsonantisch auslautenden Nationalitätsadjektive (alem**án** *deutsch* — aleman**a**, españo**l** *spanisch* — español**a**, franc**és** *französisch* — frances**a**).

* Diese Regel gilt nicht für die unregelmäßigen Komparativformen mejor, mayor usw. (s. S. 14, 15).

2. Mehrzahlbildung der Adjektive

Sie erfolgt wie die der Substantive (s. S. 8), d. h. durch Anhängen von **-s** bzw. **-es**:

barato *billig* — baratos
amable *liebenswürdig* — amables
fácil *leicht* — fáciles
feliz *glücklich* — felices
inglés *englisch* — ingleses

3. Verkürzte Formen

Vor männlichen Substantiven werden die Adjektive **bueno** *gut* und **malo** *schlecht*, die unbestimmten Fürwörter **alguno** *irgendeiner* und **ninguno** *keiner* sowie die Zahlwörter **primero** *erster*, **tercero** *dritter* und **postrero** *letzter* im Singular* zu buen, mal, algún, ningún, primer, tercer und postrer verkürzt: un buen amigo *ein guter Freund*, un mal carácter *ein schlechter Charakter*, algún señor *irgendein Herr*, ningún éxito *kein Erfolg*, el primer, tercer, postrer capítulo del libro *das erste, dritte, letzte Kapitel des Buches.*

Grande *groß* wird vor einem männlichen oder weiblichen Substantiv im Singular* in der Regel (besonders in übertragener Bedeutung) zu gran verkürzt: un gran día *ein großer (bedeutungsvoller) Tag*, una gran casa *eine große (bedeutende) Firma.*

Santo *heilig* wird vor männlichen Eigennamen meist** zu San verkürzt: San Francisco *der heilige Franziskus*, San Pedro *der heilige Petrus.*

4. Übereinstimmung mit dem Substantiv

Das Adjektiv richtet sich in Geschlecht und Zahl nach dem Substantiv, auf das es sich bezieht. Dies gilt sowohl für die attributive Stellung des Adjektivs (a) wie auch für die prädikative Stellung (b):

a) el cuart**o** limpi**o** *das saubere Zimmer*
los cuart**os** limpi**os**
la cocin**a** limpi**a** *die saubere Küche*
las cocin**as** limpi**as**

b) el cuart**o** es limpi**o** *das Zimmer ist sauber*
los cuart**os** son limpi**os**
la cocin**a** es limpi**a** *die Küche ist sauber*
las cocin**as** son limpi**as**

---

* In allen anderen Fällen stehen die vollen Formen: buenos amigos, el amigo es bueno; grandes casas, la casa es grande.

** Ausnahmen: Santo Domingo, Santo Tomás, Santo Toribio.

5. Die Stellung des Adjektivs

Maßgebend für die Stellung des Adjektivs ist häufig der Wohlklang. So werden drei- und mehrsilbige Adjektive meist nachgesetzt. Im übrigen kommt in der Stellung des Adjektivs die subjektive Einstellung des Sprechenden zum Ausdruck.

1. **Vor** dem Substantiv stehen Adjektive, die eine dem Substantiv **innewohnende Eigenschaft** bezeichnen und daher oft rein ausschmückend gebraucht werden, sowie Adjektive, die in **übertragener Bedeutung** gebraucht werden:

> la blanca nieve *der weiße Schnee*
> la dulce miel *der süße Honig*
> la negra ingratitud *der schwarze Undank*

Vor dem Substantiv stehen meist auch die häufig, daher ohne besondere Betonung gebrauchten Adjektive grande, pequeño und bueno, malo:

> un pequeño regalo *ein kleines Geschenk*
> un buen chico *ein guter Junge*

Hierher gehören auch feststehende Wendungen wie La Real Academia *die königliche Akademie*, la imperial Toledo *das kaiserliche Toledo* u. a.

2. **Nach** dem Substantiv dagegen stehen Adjektive, die ein **unterscheidendes** Merkmal bezeichnen, auf denen somit ein besonderer Nachdruck liegt:

> un ciudadano español *ein spanischer Staatsbürger* (staatliche Zugehörigkeit)
> la Iglesia católica *die katholische Kirche* (Religion)
> un traje oscuro *ein dunkler Anzug* (Farbe)
> una mesa cuadrangular *ein viereckiger Tisch* (Form)
> un espectáculo muy interesante *ein sehr interessantes Schauspiel* (durch Zusatz näher bestimmtes Adjektiv)

Nachgestellt werden ferner mehrere durch y (*und*) bzw. o (*oder*) verbundene Adjektive sowie als Adjektive gebrauchte Partizipien:

> un libro divertido y cautivador *ein unterhaltsames und fesselndes Buch*
> una habitación amueblada *ein möbliertes Zimmer*

3. Einige Adjektive ändern je nach ihrer Stellung ihre Bedeutung. Werden sie in ihrer Grundbedeutung gebraucht, so treten sie **hinter** das Substantiv; werden sie dagegen in übertragener Bedeutung gebraucht, so treten sie **vor** das Substantiv:

noticias ciertas *sichere, zuverlässige Nachrichten*	ciertas noticias *gewisse Nachrichten*
una casa grande *ein räumlich großes Haus*	una gran* casa *ein bedeutendes Haus*
una mujer pobre *eine arme, mittellose Frau*	una pobre mujer *eine arme, bedauernswerte Frau*

* Verkürzte Form von grande (s. S. 12).

6. Steigerung des Adjektivs

Positiv	Komparativ	relativer Superlativ	absoluter Superlativ
barato *billig*	**más** barato *billiger*	**el más** barato *der billigste*	barat**ísimo** **muy** barato *sehr billig*
barata	**más** barata	**la más** barata	barat**ísima** **muy** barata

Bemerkungen:

1. Der höhere (*Komparativ*) bzw. der höchste (*relativer Superlativ*) Grad einer Eigenschaft wird durch Vorsetzen von **más** (< lat. magis) bzw. **el (la) más** vor die Grundstufe (*Positiv*) des Adjektivs gebildet.

2. Der relative Superlativ wird durch Vorsetzen von más mit dem bestimmten Artikel vor das Adjektiv gebildet: este es el más caro hotel de Madrid *dies ist das teuerste Hotel von Madrid.*

Tritt der relative Superlativ hinter das Substantiv, so darf der Artikel (im Gegensatz zum Französischen!) nicht wiederholt werden: Barcelona es el puerto más importante de España *Barcelona ist der bedeutendste Hafen Spaniens.*

3. Der absolute Superlativ wird durch Anhängen der Endung -ísimo* an den Stamm des Adjektivs gebildet: hermos|o *schön* — hermos|ísimo *sehr schön*, hermos|a — hermos|ísima. Hierbei ergeben sich, sofern der Stamm auf c bzw. g oder z endet, orthographische Veränderungen: rico *reich* — ri**qu**ísimo, largo *lang*, *weit* — lar**gu**ísimo, feliz *glücklich* — feli**c**ísimo.

4. Die Adjektive bueno *gut*, malo *schlecht*, mucho *viel* und poco *wenig* haben folgende vom Lateinischen abgeleitete, unregelmäßige Steigerungsformen:

	Komparativ	*relativer Superlativ*	*absoluter Superlativ*
bueno	mejor *besser*	el mejor *der beste*	óptimo *sehr gut*
malo	peor *schlechter*	el peor *der schlechteste*	pésimo *sehr schlecht*
mucho	más *mehr*	los más *die meisten*	muchísimo *sehr viel*
poco	menos *weniger*	los menos *die wenigsten*	poquísimo *sehr wenig*

* Einige Adjektive haben die lateinische Endung beibehalten: acre *scharf, herb* — acérrimo, célebre *berühmt* — celebérrimo, íntegro *rechtschaffen* — integérrimo, libre *frei* — libérrimo, mísero *elend* — misérrimo, salubre *gesund* — salubérrimo.

5. Die Adjektive grande *groß*, pequeño *klein*, alto *hoch* und bajo *niedrig* haben neben den normalen Steigerungsformen (más grande, más pequeño usw.) folgende vom Lateinischen abgeleitete Formen:

	Komparativ	*relativer Superlativ*	*absoluter Superlativ*
grande	mayor *größer, bedeutender, älter*	el mayor *der größte usw.*	máximo *sehr groß*
pequeño	menor *kleiner, geringer, jünger*	el menor *der kleinste usw.*	mínimo *sehr klein*
alto	superior *höher, besser*	el superior *der höchste usw.*	supremo, sumo *sehr hoch*
bajo	inferior *niedriger, schlechter*	el inferior *der niedrigste usw.*	ínfimo *sehr niedrig*

Bemerkung:

Die obenstehenden Adjektive werden, wenn sie in ihrer Grundbedeutung (räumlich groß, klein usw.) gebraucht werden, regelmäßig gesteigert (esta torre es más alta que esa casa *dieser Turm hier ist höher als dieses Haus da*), in übertragener Bedeutung dagegen unregelmäßig (este coñac es de calidad superior *dieser Kognak ist von höchster Qualität*).

6. „**Als**" beim Komparativ wird durch **que*** wiedergegeben: España es más grande que Portugal *Spanien ist größer als Portugal.* Ist das zweite Glied des Vergleichs ein vollständiger Satz (mit Verb!), so ist „als" mit **de lo que** zu übersetzen: estas sortijas son menos caras de lo que parecen *diese Ringe sind billiger, als sie aussehen.* Wird más oder menos von einem Substantiv begleitet, so wird „als", dem ein vollständiger Satz folgt, mit **del que, de la que, de los que, de las que** übersetzt: tiene más casas de las que suponen Vds. *er hat mehr Häuser, als Sie vermuten.*

7. Die Gleichheit derselben Eigenschaft bei zwei Personen oder Gegenständen wird durch **tan ... como** (es tan joven como yo *er ist so jung wie ich*) bzw. **tanto** (tanta, tantos, tantas) **... como** (tenemos tantos dependientes como él *wir haben ebenso viele Angestellte wie er*) ausgedrückt.

8. „**Als**" vor Zahlwörtern wird in bejahenden Sätzen mit **de**, in verneinenden Sätzen dagegen mit **que** wiedergegeben: ha gastado más de tres mil pesetas *er hat mehr als 3000 Peseten ausgegeben*; no hemos recibido más que dos cartas *wir haben nicht mehr als (nur) zwei Briefe erhalten.*

---

* Nach superior und inferior folgt dagegen a: este vino es inferior a aquél *dieser Wein ist schlechter als jener.*

IV. Das Adverb (Umstandswort)

1. Bildung des Adverbs

Die Adverbien dienen zur näheren Bestimmung eines Verbs (er geht *schnell*), eines Adjektivs (er ist *sehr* jung) oder eines anderen Adverbs (sie geht *sehr* langsam). Sie gliedern sich in ursprüngliche Adverbien (z.B. des Ortes: aquí *hier*, allí *da*, *dort*, arriba *oben*, abajo *unten*; der Zeit: ahora *jetzt*, hoy *heute*, ayer *gestern*, ya *schon*; der Art und Weise: bien *gut*, mal *schlecht*, despacio *langsam*, aprisa *schnell*) und in abgeleitete Adverbien, die gebildet werden, indem an die weibliche Form des Adjektivs die Endung **-mente** angehängt wird:

tranquilo *ruhig* — tranquil**a** — tranquil**amente**

Endet das Adjektiv auf -e oder auf einen Konsonanten, so wird nur die Endung -mente angehängt (prudente *klug* — prudente**mente**; fácil *leicht* — fácil**mente***).

Folgen mehrere mit der Endung -mente gebildete Adverbien aufeinander, so erhält nur das letzte diese Endung:

¡ hable Vd. clara y distinta**mente**!

Sprechen Sie klar und deutlich!

Als *unregelmäßige* Adverbformen sind **bien** (zu bueno *gut*) und **mal** (zu malo *schlecht*) besonders zu merken.

2. Steigerung

Die **Steigerung** des Adverbs erfolgt nach den gleichen Regeln wie diejenige des Adjektivs:

eficazmente	—	**más** eficazmente	—	eficac**ísimamente**
wirksam		*wirksamer*		*sehr wirksam*

Unregelmäßige Steigerungsformen haben:

bien	—	**mejor**	—	**lo mejor**
gut		*besser*		*am besten*
mal	—	**peor**	—	**lo peor**
schlecht		*schlechter*		*am schlechtesten*
mucho	—	**más**	—	**lo más**
viel		*mehr*		*am meisten*
poco	—	**menos**	—	**lo menos**
wenig		*weniger*		*am wenigsten*

* Man beachte, daß mit -mente gebildete Adverbien den Betonungsakzent des Adjektivs beibehalten: hábil *geschickt* — hábilmente.

3. Gebrauch

Was den **Gebrauch** des Adverbs betrifft, so bezieht es sich, wie sein Name schon sagt (Adverb < lat. ad verbum zum Verb gehörig), in den meisten Fällen auf ein Verb: nos saludó cortésmente *er begrüßte uns höflich* (wie begrüßte er uns? Höflich). Soll jedoch nicht die Art und Weise des Geschehens, d. h. also das Verb, sondern der Zustand oder die Beschaffenheit des Subjekts des Satzes näher erläutert werden, so wird statt eines Adverbs ein prädikatives Adjektiv gebraucht: los amigos llegaron muy alegres *die Freunde kamen sehr vergnügt an* (d.h. sie waren sehr vergnügt, als sie ankamen).

Bei einer Anzahl von Verben wird in bestimmten Verbindungen das Adjektiv als neutrales Objekt in adverbialem Sinn gebraucht: hablar alto (bajo) *laut* (*leise*) *sprechen*, vender caro (barato) *teuer* (*billig*) *verkaufen*, volver pronto *schnell zurückkehren*, ir todo derecho *geradeaus gehen*, levantarse temprano *früh aufstehen*, trabajar demasiado *zu viel arbeiten* u. a.

Häufig wird die Bildung eines Adverbs mit Hilfe der Endung -mente vermieden. Statt frecuentemente *häufig* sagt man auch con frecuencia, statt rápidamente *schnell* con rapidez, statt elegantemente *elegant* de modo elegante usw.

Anstelle deutscher Adverbien verwendet die spanische Sprache häufig **verbale Wendungen.** Als wichtigste merke man sich:

acabo de llegar *ich bin* **soeben** *angekommen*
continúo leyendo *ich lese* **weiter**
vuelvo a preguntarle *ich frage ihn* **noch einmal**
estoy escribiendo una carta *ich schreibe* **gerade** *einen Brief*
me gustan las naranjas *ich esse* **gern** *Apfelsinen*
prefiero el té *ich trinke* **lieber** *Tee*
voy a partir *ich fahre* **gleich** *ab*

V. Das Verb (Zeitwort)

1. Präsens von ser und estar *sein*

(yo) soy	*ich bin*	(yo) estoy
(tú) eres	*du bist*	(tú) estás
(él) es	*er ist*	(él) está
(ella) es	*sie ist*	(ella) está
(usted) es	*Sie sind*	(usted) está
(nosotros, -as) somos	*wir sind*	(nosotros, -as) estamos
(vosotros, -as) sois	*ihr seid*	(vosotros, -as) estáis
(ellos) son	*sie sind* (*m*)	(ellos) están
(ellas) son	*sie sind* (*f*)	(ellas) están
(ustedes) son	*Sie sind*	(ustedes) están

Bemerkungen:

1. Die eingeklammerten persönlichen Fürwörter (yo, tú usw.) werden nur gesetzt, wenn sie betont sind: ella es portuguesa, él es español **sie** *ist Portugiesin*, **er** *ist Spanier*.

2. Das Fürwort der Anrede **usted** (an eine Person), **ustedes** (an mehrere Personen) ist, wie die häufig gebrauchten Abkürzungen V., Vd., bzw. Vs., Vds. zeigen, aus Vuestra Merced (*Euer Gnaden*) entstanden. So erklärt es sich, daß das mit usted bzw. ustedes verbundene Zeitwort in der dritten Person Singular bzw. dritten Person Plural gebraucht wird.

3. Das deutsche Zeitwort „sein" hat im Spanischen je nach seiner Bedeutung zwei verschiedene Entsprechungen: **ser** und **estar.**

Ser wird gebraucht:

a) zur Bezeichnung einer dem Subjekt innewohnenden Eigenschaft (la miel es dulce *der Honig ist süß*);

b) zur Bezeichnung dauernder Eigenschaften wie Beruf, Religion, Staatsangehörigkeit (mi padre es médico *mein Vater ist Arzt*; los habitantes del país son católicos *die Einwohner des Landes sind katholisch*; somos alemanes *wir sind Deutsche*);

c) zur Bezeichnung des Besitzes, der Herkunft und des Materials (¿De quién es este lápiz? *Wem gehört dieser Bleistift?*; los turistas son de Hamburgo *die Touristen sind aus Hamburg*; la taza es de loza *die Tasse ist aus Steingut*);

d) bei Zeitbestimmungen (son las dos *es ist zwei Uhr*);

e) zur Bildung des Passivs* (este televisor no es vendido en Alemania *dieses Fernsehgerät wird nicht in Deutschland verkauft*).

Estar wird gebraucht:

a) zur Bezeichnung eines örtlichen, vorübergehenden Seins (muchos turistas están en nuestro país *viele Touristen sind in unserem Land, sie halten sich vorübergehend hier auf*);

b) zur Bezeichnung eines augenblicklichen, vorübergehenden (auch gesundheitlichen) Zustandes (he trabajado todo el día, ahora estoy cansado *ich habe den ganzen Tag gearbeitet, jetzt bin ich müde*; ¿Cómo está su hermano? — Gracias, está muy bien *Wie geht es ihrem Bruder? Danke, es geht ihm sehr gut*; estamos contentos *wir sind zufrieden, vergnügt, froh*).

---

* Näheres über das Passiv s. S. 30.

2. Präsens von tener und haber *haben*

tengo	*ich habe*	he
tienes		has
tiene		ha
tenemos		hemos
tenéis		habéis
tienen		han

Bemerkung:

Als selbständiges Zeitwort für „haben" (= besitzen) verwendet das Spanische **tener.** Demgegenüber wird **haber** nur als Hilfszeitwort gebraucht und dient in Verbindung mit einem Partizip zur Bildung der zusammengesetzten Zeiten des Aktivs **sämtlicher** Zeitwörter (he comprado la casa *ich habe das Haus gekauft*; hemos llegado a Barcelona *wir sind in Barcelona angekommen*). Näheres über das Partizip und die Bildung der zusammengesetzten Zeiten s. S. 27—29.

3. Präsens und Partizip des Perfekts der regelmäßigen Verben auf -ar, -er, -ir

-ar	**-er**	**-ir**
compr**ar** *kaufen*	vend**er** *verkaufen*	recib**ir** *erhalten*
compr**o** *ich kaufe* compr**as** compr**a** compr**amos** compr**áis** compr**an**	vend**o** *ich verkaufe* vend**es** vend**e** vend**emos** vend**éis** vend**en**	recib**o** *ich erhalte* recib**es** recib**e** recib**imos** recib**ís** recib**en**
compr**ado** *gekauft*	vend**ido** *verkauft*	recib**ido** *erhalten*

Bemerkungen:

1. Entsprechend der Endung ihres Infinitivs unterscheidet das Spanische drei Konjugationen:

die **a**-Klasse: compr**ar**
die **e**-Klasse: vend**er**
die **i**-Klasse: recib**ir**

2. Die Konjugation der Verben erfolgt durch Anhängen bestimmter Endungen (in der Tabelle durch Fettdruck gekennzeichnet) an den Stamm des jeweiligen Verbs. Die persönlichen Fürwörter (yo, tú usw.) können hierbei im allgemeinen weggelassen werden, da aus der Endung des Verbs die Person ersichtlich ist. Man kann deshalb sagen: habla español *er spricht Spanisch* und él habla español nur, wenn besonderer Nachdruck auf él *er* (im Gegensatz zu ella *sie*) gelegt wird: él habla español, ella habla alemán **er** *spricht Spanisch*, **sie** *spricht Deutsch.*

3. Der konsonantische Stammauslaut unterliegt je nach der auf ihn folgenden Endung gewissen orthographischen Veränderungen. Bei den **Verben der a-Klasse** handelt es sich um folgende:

a) stammauslautendes c wird, um den Gaumenlaut zu erhalten, zu **qu** (bus**c**o *ich suche*, ¡ bus**qu**e Vd.! *suchen Sie!*);
b) stammauslautendes **g** wird aus dem gleichen Grunde vor e zu **gu** (pago *ich zahle*, ¡ pa**gu**e Vd.! *zahlen Sie!*);
c) stammauslautendes **gu** wird vor e zu **gü** (averi**gu**o *ich untersuche*; ¡ averi**gü**e Vd.! *untersuchen Sie!*).
d) stammauslautendes **z** wird vor e zu **c** (cru**z**o la plaza *ich überquere den Platz*; ¡ cru**c**e Vd. la plaza! *überqueren Sie den Platz!*);

Bei den Verben der **e- und i-Klasse** treten folgende orthographische Veränderungen ein:

a) stammauslautendes **c** wird zur Erhaltung des stimmlosen Lispellautes vor a und o zu **z** (vencer *siegen* — ven**z**o *ich siege*; zur**c**ir *flicken* — zur**z**o *ich flicke*);
b) stammauslautendes **g** wird zur Erhaltung des stimmlosen Reibelautes vor a und o zu **j** (acoger *aufnehmen* — acojo *ich nehme auf*; dirigir *lenken* — dirijo *ich lenke*);
c) stammauslautendes **gu** wird vor a und o zu **g** (distin**gu**ir *unterscheiden* — distin**g**o *ich unterscheide*).

4. Präsens der Klassenverben

1. Bei vielen Verben der a- und e-Klasse wird in den stammbetonten Formen der Stammvokal

e in ie

und **o in ue**

verwandelt:

pensar *denken*	**e > ie**	perder *verlieren*
pienso		pierdo
piensas		pierdes
piensa		pierde
pensamos		perdemos
pensáis		perdéis
piensan		pierden
probar *beweisen*	**o > ue**	volver *zurückkehren*
pruebo		vuelvo
pruebas		vuelves
prueba		vuelve
probamos		volvemos
probáis		volvéis
prueban		vuelven

2. Bei einer Reihe von Verben der i-Klasse wird in den stammbetonten Formen der Stammvokal

e in ie

und **o in ue**

verwandelt:

e > ie	**o > ue**
preferir *vorziehen*	dormir *schlafen*
prefiero	duermo
prefieres	duermes
prefiere	duerme
preferimos	dormimos
preferís	dormís
prefieren	duermen

3. Bei einer Reihe von Verben der i-Klasse wird in den stammbetonten Formen der Stammvokal **e in i** verwandelt:

e > i
repetir *wiederholen*
repito
repites
repite
repetimos
repetís
repiten

4. Eine Reihe von Verben auf -acer, -ecer, -ocer und -ucir verwandeln vor a und o **c in zc**:

nacer *geboren werden*	ofrecer *anbieten*	conocer *kennen*	conducir *führen*
nazco	ofrezco	conozco	conduzco
naces	ofreces	conoces	conduces
nace	ofrece	conoce	conduce
nacemos	ofrecemos	conocemos	conducimos
nacéis	ofrecéis	conocéis	conducís
nacen	ofrecen	conocen	conducen

5. Die Verben auf -uir schieben vor den mit a, e, o beginnenden Endungen ein **y** ein:

construir *bauen*
construyo
construyes
construye
construímos
construís
construyen

5. Präsens der reflexiven Verben

levantarse	
me levanto *ich erhebe mich*	**nos** levantamos
te levantas	**os** levantáis
se levanta	**se** levantan

Bemerkungen:

1. Als Reflexivpronomen werden die unbetonten Formen der persönlichen Fürwörter **me, te, se, nos, os, se** (s. S. 46) verwendet. Sie stehen in der Regel **vor** dem Verb (nos lavamos *wir waschen uns*), werden jedoch an den Infinitiv (lavarse *sich waschen*), an das Gerundium (s. S. 26) sowie an den bejahenden Imperativ (s. S. 32) angehängt.

2. Die zusammengesetzten Zeiten der reflexiven Verben werden im Spanischen stets mit **haber** gebildet: nos hemos levantado *wir haben uns erhoben.*

3. Einige Verben werden im Spanischen reflexiv gebraucht, im Deutschen dagegen nicht: acostarse *zu Bett gehen*, atreverse *wagen*, burlarse de *spotten*

über, enfadarse con *böse werden auf*, irse, marcharse *weggehen*, levantarse *aufstehen*, pasearse *spazierengehen*, quedarse *bleiben* u. a.

4. Nicht reflexiv werden im Spanischen gebraucht: cambiar *sich ändern*, procurar *sich bemühen*, simular *sich verstellen* u. a.

6. Imperfekt der regelmäßigen Verben auf -ar, -er, -ir

-ar	-er	-ir
compr**ar**	vend**er**	recib**ir**
compr**aba** *ich kaufte* compr**abas** compr**aba** compr**ábamos** compr**abais** compr**aban**	vend**ía** *ich verkaufte* vend**ías** vend**ía** vend**íamos** vend**íais** vend**ían**	recib**ía** *ich erhielt* recib**ías** recib**ía** recib**íamos** recib**íais** recib**ían**

Bemerkungen:

1. Die Formen des Imperfekts von **ser** lauten: era — eras — era — éramos — erais — eran.

2. Das Imperfekt — es antwortet auf die Frage „*was war?*" — wird gebraucht zur Beschreibung und Schilderung von Zuständen, Sitten und Gewohnheiten sowie von sich wiederholenden bzw. im Verlauf begriffenen (oft gleichzeitig verlaufenden) Handlungen oder Vorgängen:

> los indios del Perú adoraban al Sol *die Indianer Perus beteten die Sonne an*; a cada instante entraban y salían trenes *alle Augenblicke fuhren Züge ein und aus*; mientras él leía un periódico, nosotros escribíamos cartas *während er eine Zeitung las, schrieben wir Briefe.*

7. Historisches Perfekt der regelmäßigen Verben auf -ar, -er, -ir

-ar	-er	-ir
compr**ar**	vend**er**	recib**ir**
compr**é** *ich kaufte* compr**aste** compr**ó** compr**amos** compr**asteis** compr**aron**	vend**í** *ich verkaufte* vend**iste** vend**ió** vend**imos** vend**isteis** vend**ieron**	recib**í** *ich erhielt* recib**iste** recib**ió** recib**imos** recib**isteis** recib**ieron**

Bemerkungen:

1. Die Formen des historischen Perfekts von **ser** und **estar** bzw. **tener** und **haber** lauten:

fui *ich war, ich wurde*	estuve	tuve *ich hatte, ich bekam*	hube
fuiste	estuviste	tuviste	hubiste
fue	estuvo	tuvo	hubo
fuimos	estuvimos	tuvimos	hubimos
fuisteis	estuvisteis	tuvisteis	hubisteis
fueron	estuvieron	tuvieron	hubieron

2. Das historische Perfekt — es antwortet auf die Frage „was geschah?" — wird gebraucht zur Bezeichnung einer einmaligen, in der Vergangenheit abgeschlossenen, auf die Gegenwart nicht mehr einwirkenden Handlung sowie neueintretender bzw. aufeinanderfolgender Vorgänge:

Miguel de Unamuno murió en 1936 *Unamuno starb 1936*; salió de la casa, se dirigió a la agencia de viajes y sacó el billete *er verließ das Haus, begab sich zum Reisebüro und löste die Fahrkarte.*

3. Unterbricht eine Handlung eine andere, so steht die unterbrechende Handlung im historischen Perfekt („was geschah?"), die unterbrochene dagegen im Imperfekt („was war"?): mientras que nosotros comíamos, sonó el teléfono *während wir aßen, klingelte das Telefon.*

4. Da das historische Perfekt eine Handlung bezeichnet, die in der Vergangenheit begonnen hat und in der Vergangenheit zum Abschluß gekommen ist, ergeben sich gegenüber dem Imperfekt erhebliche Bedeutungsunterschiede:

conocía (*von* conocer) *ich kannte* — conocí *ich lernte kennen*
sabía (*von* saber) *ich wußte* — supe *ich erfuhr*
tenía *ich hatte* — tuve *ich bekam*

8. Erstes Futur der regelmäßigen Verben auf -ar, -er, -ir

-ar	**-er**	**-ir**
compr**ar**	vend**er**	recib**ir**
compraré *ich werde kaufen*	venderé *ich werde verkaufen*	recibiré *ich werde erhalten*
comprar**ás**	vender**ás**	recibir**ás**
comprar**á**	vender**á**	recibir**á**
comprar**emos**	vender**emos**	recibir**emos**
comprar**éis**	vender**éis**	recibir**éis**
comprar**án**	vender**án**	recibir**án**

Bemerkungen:

1. Das erste Futur wird gebildet, indem an die volle Form des Infinitivs die Endungen **-é, -ás, -á, -emos, -éis, -án** angehängt werden. Sie entsprechen den Formen des Präsens von haber (s. S. 19): (h)e, (h)as, (h)a, (h)emos, (hab)éis, (h)an. Demnach ist z. B. die Form hablaré aus hablar + he (= ich habe zu sprechen) entstanden.

2. Die an den Infinitiv angehängten Endungen -é, -ás, -á, -emos, -éis, -án sind für die drei Konjugationen gleich. Bei einigen Verben ist lediglich der Stamm gegenüber dem Infinitiv verändert, z. B. bei

podré (< poderé) *ich werde können*
sabré (< saberé) *ich werde wissen*
querré (< quereré) *ich werde wollen*
pondré (< poneré) *ich werde setzen*
tendré (< teneré) *ich werde haben*
vendré (< veniré) *ich werde kommen*
saldré (< saliré) *ich werde ausgehen*
diré (< deciré) *ich werde sagen*
haré (< haceré) *ich werde machen*

3. In der Umgangssprache wird anstelle der eigentlichen Formen des Futurs häufig eine Umschreibung mit ir a + Infinitiv gebraucht, besonders dann, wenn die Handlung unmittelbar bevorsteht. Statt escribiré una carta *ich werde einen Brief schreiben* sagt man auch voy a escribir una carta im Sinne von *ich werde jetzt gleich einen Brief schreiben.*

4. Das erste Futur wird gebraucht, um

a) einen in der Zukunft liegenden Vorgang oder Zustand zu bezeichnen: mañana partiremos *morgen werden wir abreisen*;

b) eine Vermutung auszudrücken: serán las ocho *es wird* (*mag*) *8 Uhr sein*;

c) einen Befehl auszudrücken: no saldrá *er soll nicht fortgehen.*

9. Erster Konditional der regelmäßigen Verben auf -ar, -er, -ir

-ar	**-er**	**-ir**
compr**ar**	vend**er**	recib**ir**
comprar**ía** *ich würde kaufen*	vender**ía** *ich würde verkaufen*	recibir**ía** *ich würde erhalten*
comprar**ías**	vender**ías**	recibir**ías**
comprar**ía**	vender**ía**	recibir**ía**
comprar**íamos**	vender**íamos**	recibir**íamos**
comprar**íais**	vender**íais**	recibir**íais**
comprar**ían**	vender**ían**	recibir**ían**

Bemerkungen:

1. Der erste Konditional wird gebildet, indem man an die volle Form des Infinitivs die Endungen **-ía, -ías, -ía, -íamos, -íais, -ían** anhängt. Sie entsprechen den Imperfektendungen von haber: (hab)ía, (hab)ías, (hab)ía, (hab)íamos, (hab)íais, (hab)ían.

2. Die Endungen sind für die drei Konjugationen gleich. Wo beim ersten Futur Veränderungen im Stamm einiger Verben auftreten, ist dies auch beim ersten Konditional der Fall (z. B. podría *ich würde können*, vendría *ich würde kommen*, haría *ich würde machen*).

3. Der erste Konditional wird gebraucht,

a) wenn eine Handlung nur unter einer gewissen Bedingung eintritt: compraríamos la casa, si tuviésemos (Konjunktiv Imperfekt von tener) dinero *wir würden das Haus kaufen, wenn wir Geld hätten*;

b) um eine Frage oder Aussage in ihrem Ton zu mildern: ¿ Sabrías traducir esta carta? *Könntest du diesen Brief übersetzen?*; me gustaría saber si tiene razón *ich möchte wissen* (wörtlich: es würde mir gefallen zu wissen), *ob er recht hat.*

10. Das Gerundium

-ar	**-er**	**-ir**
compr**ar**	vend**er**	recib**ir**
compr**ando** *kaufend*	vend**iendo** *verkaufend*	recib**iendo** *erhaltend*

Bemerkungen:

1. Das Gerundium ist unveränderlich. Gebildet wird es durch Anhängen der Endungen -ando bzw. -iendo an den Stamm des Verbs. Endet dieser auf Vokal, so wird das i der Endung -iendo in y verwandelt (creer *glauben* — creyendo, incluir *beifügen* — incluyendo).

2. Das Gerundium vertritt die Stelle eines deutschen Nebensatzes, der mit Konjunktionen wie „indem, da, weil, wenn, als, während" eingeleitet wird, wobei das Subjekt des Nebensatzes zugleich auch das Subjekt des Hauptsatzes ist. Es bringt die enge Zusammengehörigkeit oder die Gleichzeitigkeit beider Handlungen zum Ausdruck: saliendo del café, encontré a Juan *als ich aus dem Café herauskam, traf ich Juan*; tomando el avión, llegarás más pronto *wenn du das Flugzeug nimmst, wirst du schneller hinkommen*; diciendo esto, se marchó *indem* (*während*) *er dies sagte, ging er fort.*

3. Ist jedoch das Subjekt des Nebensatzes nicht zugleich auch Subjekt des Hauptsatzes, so muß es ausgedrückt und dem Gerundium nachgestellt werden: subiendo yo al piso tercero, me vio el señor Alvarez *als ich zum*

dritten Stock hinauffuhr, sah mich Herr Alvarez; el camarero presenta la cuenta, estando comprendida la propina *der Kellner legt die Rechnung vor, worin das Trinkgeld eingeschlossen ist*; España exporta muchos vinos, siendo los más famosos los de Rioja *Spanien führt viele Weine aus, wobei die berühmtesten die von Rioja sind.*

4. In Verbindung mit den Verben **estar, ir** (bzw. venir) und **seguir** (bzw. continuar) bezeichnet das Gerundium eine Handlung, die gerade vor sich geht bzw. sich im Stadium des allmählichen Fortschreitens oder Werdens befindet: estábamos charlando *wir plauderten gerade*; el barco va (viene) acercándose *das Schiff kommt allmählich näher*; sigue (continúa) lloviendo *es regnet immer noch.*

5. Wie wir bereits anläßlich der Stellung der unbetonten persönlichen Fürwörter beim Verb erwähnt haben (s. Fußnote S. 47), werden diese an das Gerundium angehängt: diciéndolo se marchó *indem er es sagte, ging er fort.*

11. Das Partizip

1. Das **Partizip Präsens** hat seine verbale Kraft verloren und kommt nur noch als Substantiv (el habitante *der Einwohner*), Adjektiv (sonriente *lächelnd*), Adverb (bastante *genügend*) oder Präposition (durante *während*) vor.

2. Das **Partizip Perfekt** bleibt unverändert in Verbindung mit dem Hilfszeitwort haber (s. S. 28, 29): hemos recibido la noticia *wir haben die Nachricht erhalten.*

3. Verändert wird es

a) nach transitiv gebrauchten Verben (la policía la halló muert**a** *die Polizei fand sie tot vor*);

b) in Verbindung mit ser, estar, quedar (es admirad**a** *sie wird bewundert*; estamos muy agradecid**os** *wir sind sehr dankbar*; quedó satisfech**o** *er war befriedigt*);

c) in Partizipialkonstruktionen (no aceptaré los documentos rehusad**os** por mi colega *ich werde die von meinem Kollegen zurückgewiesenen Schriftstücke nicht annehmen*; terminad**a** la recreación, las clases se continuaron *nachdem die Pause beendet war, wurde der Unterricht fortgesetzt*);

d) in Verbindung mit tener als Hilfsverb, wenn nicht die Handlung, sondern das Ergebnis der Handlung bezeichnet werden soll (tenemos escrit**a** la carta *wir haben den Brief geschrieben*, im Sinne von *wir haben den Brief fertig*).

12. Das Perfekt und das Plusquamperfekt

Perfekt	
he comprado ich **habe** gekauft	hemos comprado
has comprado	habéis comprado
ha comprado	han comprado
he llegado ich **bin** angekommen	hemos llegado
has llegado	habéis llegado
ha llegado	han llegado
Plusquamperfekt	
había comprado ich **hatte** gekauft	habíamos comprado
habías comprado	habíais comprado
había comprado	habían comprado
había llegado ich **war** angekommen	habíamos llegado
habías llegado	habíais llegado
había llegado	habían llegado

Bemerkungen:

1. Die Bildung der zusammengesetzten Zeiten des Aktivs aller Verben erfolgt im Spanischen mit dem Hilfsverb **haber** und dem Partizip Perfekt, das unverändert bleibt.

2. Das **Perfekt** dient zur Bezeichnung von Handlungen, die zwar in der Vergangenheit abgeschlossen sind, mit der Gegenwart jedoch noch in gewisser Weise in Verbindung stehen bzw. deren Folgen in die Gegenwart hineinreichen: esta semana mi padre ha llegado *in dieser Woche ist mein Vater angekommen* (und infolgedessen heute hier); esta tarde hemos recibido los libros *heute nachmittag haben wir die Bücher erhalten* (und sie sind somit in unserem Besitz).

3. Das **Plusquamperfekt** dient zur Bezeichnung von Handlungen, die bereits abgeschlossen waren, als andere, ebenfalls vergangene Geschehnisse eintraten: ya habíamos comido, cuando sonó el teléfono *wir hatten bereits gegessen, als das Telefon läutete*; apenas había llegado a Madrid, cuando estalló la guerra *ich war kaum in Madrid angekommen, als der Krieg ausbrach.*

13. Das zweite Futur und der zweite Konditional

2. Futur	
habré comprado ich **werde** gekauft **haben** habrás comprado habrá comprado	habremos comprado habréis comprado habrán comprado
habré llegado ich **werde** angekommen **sein** habrás llegado habrá llegado	habremos llegado habréis llegado habrán llegado
2. Konditional	
habría comprado ich **würde** gekauft **haben** habrías comprado habría comprado	habríamos comprado habríais comprado habrían comprado
habría llegado ich **würde** angekommen **sein** habrías llegado habría llegado	habríamos llegado habríais llegado habrían llegado

Bemerkungen:

1. Die Bildung des zweiten Futurs und des zweiten Konditionals erfolgt mit den Formen des ersten Futurs bzw. des ersten Konditionals des Hilfsverbs **haber** und dem Partizip Perfekt, das unverändert bleibt.

2. **Das zweite Futur** dient zur Bezeichnung von Handlungen, die vor anderen (auch zukünftigen) eintreten werden: luego que habré terminado el trabajo, os avisaré *sobald ich die Arbeit beendet habe* (eigentlich: *beendet haben werde*), *werde ich euch benachrichtigen*; partiremos luego que habremos comido *wir werden abreisen, sobald wir gegessen haben* (*werden*). Man beachte, daß das zweite Futur im Spanischen häufiger gebraucht wird als im Deutschen, das das Perfekt bevorzugt.

3. **Der zweite Konditional** dient zur Bezeichnung von Handlungen in der Vergangenheit, die nicht verwirklicht wurden, weil hierzu eine Voraussetzung fehlte. Im Deutschen wird diese Zeit meistens mit dem Konjunktiv des Plusquamperfekts wiedergegeben: habríamos llegado a tiempo, si el tren no hubiese (Konjunktiv Imperfekt von haber) llevado retraso *wir wären rechtzeitig angekommen* (eigentlich: *wir würden rechtzeitig angekommen sein*), *wenn der Zug nicht Verspätung gehabt hätte*; le habría avisado, si le hubiese visto *ich hätte ihn gewarnt* (eigentlich: *ich würde ihn gewarnt haben*), *wenn ich ihn gesehen hätte.*

4. Wie das einfache Futur wird auch das zweite Futur häufig im Sinne von Vermutung, Ungewißheit, Zweifel gebraucht: lo habrá arreglado todo *er wird wohl alles geregelt haben.*

14. Das Passiv

Präsens	
soy invitado, -a *ich werde eingeladen*	somos invitados, -as
eres invitado, -a	sois invitados, -as
es invitado, -a	son invitados, -as
Imperfekt	
era invitado, -a *ich war eingeladen*	
Historisches Perfekt	
fui invitado, -a *ich wurde eingeladen*	
Erstes Futur	
seré invitado, -a *ich werde eingeladen werden*	
Erster Konditional	
sería invitado, -a *ich würde eingeladen werden*	
Perfekt	
he sido invitado, -a *ich bin eingeladen worden*	
Plusquamperfekt	
había sido invitado, -a *ich war eingeladen worden*	
Zweites Futur	
habré sido invitado, -a *ich werde eingeladen worden sein*	
Zweiter Konditional	
habría sido invitado, -a *ich würde eingeladen worden sein*	

Bemerkungen:

1. Das Passiv wird mit dem Hilfsverb ser (= *werden*) und dem Partizip Perfekt gebildet, das sich in Geschlecht und Zahl nach dem Subjekt des Satzes richtet: el amigo es invitado *der Freund wird eingeladen*, los amigos fueron invitados *die Freunde wurden eingeladen*.

2. Der Urheber einer Tätigkeit (im Deutschen mit *von* eingeleitet) wird beim Passiv meist durch die Präposition **por** bezeichnet: el toro fue matado por el matador *der Stier wurde von dem Matador getötet*; los televisores producidos por una casa alemana fueron exportados *die von einer deutschen Firma hergestellten Fernsehgeräte wurden ausgeführt*. Nach Verben dagegen,

die eine Empfindung ausdrücken (z. B. estimar *schätzen*, querer *lieben*, detestar *verabscheuen*), sowie nach den Verben acompañar *begleiten*, preceder *vorangehen*, seguir *folgen*, rodear *umgeben* wird „von" mit **de** wiedergegeben: fue estimado de todos *er wurde von allen geschätzt*; fuimos acompañados del director de la fábrica *wir wurden von dem Direktor des Werkes begleitet.*

3. Meist wird das Passiv durch die reflexive Form des Zeitwortes oder durch die unpersönliche 3. Person Plural wiedergegeben: sellos se venden aquí *Briefmarken werden hier verkauft*; folletos se importan en cantidades considerables *Druckschriften werden in beträchtlichen Mengen eingeführt*; aquí se habla español *hier wird Spanisch gesprochen* oder *hier spricht man Spanisch*; me han dicho que ... *man hat mir gesagt, daß ...*

15. Präsens Konjunktiv von ser und estar, tener und haber

ser	**estar**	**tener**	**haber**
sea *ich sei*	esté	tenga *ich habe*	haya
seas	estés	tengas	hayas
sea	esté	tenga	haya
seamos	estemos	tengamos	hayamos
seáis	estéis	tengáis	hayáis
sean	estén	tengan	hayan

Bemerkungen:

1. Bezüglich der Anwendungsbereiche der Verben ser und estar bzw. tener und haber gilt sinngemäß, was in diesem Zusammenhang bei der Behandlung der Indikativformen (S. 18, 19) ausgeführt wurde.

2. Da die Konjunktivformen der 1. und 3. Person Singular gleichlautend sind, empfiehlt es sich, zur genaueren Bestimmung des Subjekts der Handlung jeweils die persönlichen Fürwörter yo, él, ella, usted hinzuzusetzen: es posible que yo (él, ella, usted) venga *es ist möglich, daß ich komme* (*er, sie kommt, Sie kommen*).

16. Präsens Konjunktiv der regelmäßigen Verben auf -ar, -er, -ir

-ar	**-er**	**-ir**
compr**ar**	vend**er**	recib**ir**
compr**e** *ich kaufe*	vend**a** *ich verkaufe*	recib**a** *ich erhalte*
compr**es**	vend**as**	recib**as**
compr**e**	vend**a**	recib**a**
compr**emos**	vend**amos**	recib**amos**
compr**éis**	vend**áis**	recib**áis**
compr**en**	vend**an**	recib**an**

Bemerkung:

Bezüglich der Hinzufügung der persönlichen Fürwörter in der 1. bzw. 3. Person Singular gilt das auf S. 31 Gesagte.

17. Die Imperativformen der regelmäßigen Verben auf -ar, -er, -ir

-ar	**-er**	**-ir**
compr**ar**	vend**er**	recib**ir**
compr**a** *kaufe*	vend**e**	recib**e**
no compr**es** *kaufe nicht*	no vend**as**	no recib**as**
compr**e** Vd. *kaufen Sie* (Anrede an eine Person)	vend**a** Vd.	recib**a** Vd.
compr**emos** *kaufen wir*	vend**amos**	recib**amos**
compr**ad** *kauft*	vend**ed**	recib**id**
no compr**éis** *kauft nicht*	no vend**áis**	no recib**áis**
compr**en** Vds. *kaufen Sie* (Anrede an mehrere Personen)	vend**an** Vds.	recib**an** Vds.

Bemerkungen:

1. Der bejahte Imperativ hat eigene Formen nur in der 2. Person Singular (habl**a** *sprich*) und 2. Person Plural (habl**ad** *sprecht*). Alle übrigen Formen sind mit den entsprechenden Formen des Konjunktivs identisch, was auch für die verneinten Formen der 2. Person Singular und Plural gilt (no hables *sprich nicht*, no habléis *sprecht nicht*).

2. Die unbetonten (einfachen und zusammengesetzten) persönlichen Fürwörter werden an die Formen des bejahten Imperativs angehängt. Da hierdurch die Verbform um eine oder zwei Silben verlängert wird, muß die betonte Silbe gegebenenfalls mit einem Akzent versehen werden:

cómpralo *kaufe es*
cómprelo Vd. *kaufen Sie es*
comprémoslo *kaufen wir es*
compradlo *kauft es*
cómprenlo Vds. *kaufen Sie es*

Sind die Imperativformen verneint, so treten die unbetonten persönlichen Fürwörter vor die Verbform:

no me lo digas *sage es mir nicht*
no me lo diga Vd. *sagen Sie es mir nicht*

no lo hagamos *tun wir es nicht*
no lo hagáis *tut es nicht*
no se lo lleven Vds. *bringen Sie es ihm nicht*

18. Imperfekt Konjunktiv von ser und estar, tener und haber

ser		**estar**	
fuera *ich wäre* oder fuese		estuviera *ich wäre* oder estuviese	
fueras	fueses	estuvieras	estuvieses
fuera	fuese	estuviera	estuviese
fuéramos	fuésemos	estuviéramos	estuviésemos
fuerais	fueseis	estuvierais	estuvieseis
fueran	fuesen	estuvieran	estuviesen
tener		**haber**	
tuviera *ich hätte* oder tuviese		hubiera *ich hätte* oder hubiese	
tuvieras	tuvieses	hubieras	hubieses
tuviera	tuviese	hubiera	hubiese
tuviéramos	tuviésemos	hubiéramos	hubiésemos
tuvierais	tuvieseis	hubierais	hubieseis
tuvieran	tuviesen	hubieran	hubiesen

Bemerkungen:

1. Der Konjunktiv des Imperfekts weist Formen auf **-ra*** und solche auf **-se*** auf, die praktisch die gleiche Bedeutung haben. Abgeleitet werden sie von der 3. Person Plural des historischen Perfekts (pretérito indefinido), indem die Endung -ron in -ra oder -se verwandelt wird (tuvie**ron** > tuvie**ra** oder tuviese).

2. Bezüglich der Anwendungsbereiche der Verben ser und estar bzw. tener und haber gilt sinngemäß, was in diesem Zusammenhang bei der Behandlung der Indikativformen des Präsens (S. 18, 19) ausgeführt wurde.

3. Bezüglich der Hinzufügung der persönlichen Fürwörter in der 1. bzw. 3. Person Singular gilt das auf S. 31 Gesagte.

---

* Diese Formen sind aus den Endungen des lateinischen Plusquamperfekts Indikativ ([laudave]ram) bzw. Konjunktiv ([laudavi]ssem) abzuleiten. Dies erklärt auch, weshalb besonders im südamerikanischen Sprachgebrauch die Formen auf -ra häufig in der Bedeutung des Plusquamperfekts Indikativ vorkommen (trabajaran mucho *sie hatten viel gearbeitet*).

19. Imperfekt Konjunktiv der regelmäßigen Verben auf -ar, -er, -ir

-ar		-er		-ir	
comprar		vender		recibir	
comprara *ich kaufte*	comprase	vendiera *ich verkaufte*	vendiese	recibiera *ich erhielte*	recibiese
compraras	comprases	vendieras	vendieses	recibieras	recibieses
comprara	comprase	vendiera	vendiese	recibiera	recibiese
compráramos	comprásemos	viendiéramos	vendiésemos	recibiéramos	recibiésemos
comprarais	compraseis	vendierais	vendieseis	recibierais	recibieseis
compraran	comprasen	vendieran	vendiesen	recibieran	recibiesen

Bemerkungen:

1. Der Konjunktiv des Imperfekts bildet zwei Formen (auf -ra und auf -se), die von der 3. Person Plural des historischen Perfekts (pretérito indefinido) abgeleitet werden, indem die Endung -ron in -ra oder -se verwandelt wird (toma**ron** *sie nahmen* > toma**ra** oder toma**se**, perdie**ron** *sie verloren* > perdie**ra** oder perdie**se**, partie**ron** *sie reisten ab* > partie**ra** oder partie**se**).

2. Bezüglich der Hinzufügung der persönlichen Fürwörter in der 1. bzw. 3. Person Singular gilt das auf S. 31 Gesagte.

20. Alphabetische Liste der unregelmäßigen Verben

Die nicht aufgeführten Formen werden regelmäßig gebildet. Die Formen des Imperfekts II des Konjunktivs werden nicht berücksichtigt.

andar *gehen*

Pretérito indefinido: anduve *ich ging*, anduviste, anduvo, anduvimos, anduvisteis, anduvieron

Imperfecto I de Subjuntivo: anduviera *ich ging*, anduvieras usw.

caber *Platz haben, hineinpassen*

Presente de Indicativo: quepo *ich habe Platz*, cabes, cabe, cabemos, cabéis, caben
Pretérito indefinido: cupe *ich hatte Platz*, cupiste, cupo, cupimos, cupisteis, cupieron

Futuro: cabré *ich werde Platz haben*, cabrás usw.

Condicional: cabría *ich würde Platz haben*, cabrías usw.

Presente de Subjuntivo: quepa *ich habe Platz*, quepas usw.

Imperfecto I de Subjuntivo: cupiera *ich hätte Platz*, cupieras usw.

caer *fallen*
Participio perfecto: caído *gefallen*
Gerundio: cayendo *fallend*
Presente de Indicativo: caigo *ich falle*, caes, cae, caemos, caéis, caen
Pretérito indefinido: caí *ich fiel*, caíste, cayó, caímos, caísteis, cayeron
Imperativo: cae *falle*, no caigas, caiga Vd., caigamos, caed, no caigáis, caigan Vds.
Presente de Subjuntivo: caiga *ich falle*, caigas, caiga, caigamos, caigáis, caigan
Imperfecto I de Subjuntivo: cayera *ich fiele*, cayeras usw.

conducir *führen*
Presente de Indicativo: conduzco *ich führe*, conduces, conduce, conducimos, conducís, conducen
Pretérito indefinido: conduje *ich führte*, condujiste, condujo, condujimos, condujisteis, condujeron
Imperativo: conduce *führe*, no conduzcas, conduzca Vd., conduzcamos, conducid, no conduzcáis, conduzcan Vds.
Presente de Subjuntivo: conduzca *ich führe*, conduzcas, conduzca, conduzcamos, conduzcáis, conduzcan
Imperfecto I de Subjuntivo: condujera *ich führte*, condujeras usw.

dar *geben*
Presente de Indicativo: doy *ich gebe*, das, da, damos, dais, dan
Pretérito indefinido: di *ich gab*, diste, dio, dimos, disteis, dieron
Imperativo: da *gib*, no des, dé Vd., demos, dad, no deis, den Vds.
Presente de Subjuntivo: dé *ich gebe*, des, dé, demos, deis, den
Imperfecto I de Subjuntivo: diera *ich gäbe*, dieras usw.

decir *sagen*
Participio perfecto: dicho *gesagt*
Gerundio: diciendo *sagend*
Presente de Indicativo: digo *ich sage*, dices, dice, decimos, decís, dicen
Pretérito indefinido: dije *ich sagte*, dijiste, dijo, dijimos, dijisteis, dijeron
Futuro: diré *ich werde sagen*, dirás, dirá, diremos, diréis, dirán
Condicional: diría *ich würde sagen*, dirías usw.
Imperativo: di *sag*, no digas, diga Vd., digamos, decid, no digáis, digan Vds.
Presente de Subjuntivo: diga *ich sage*, digas, diga, digamos, digáis, digan
Imperfecto I de Subjuntivo: dijera *ich sagte*, dijeras usw.

hacer *machen, tun*
Participio perfecto: hecho *gemacht*
Presente de Indicativo: hago *ich mache*, haces, hace, hacemos, hacéis, hacen
Pretérito indefinido: hice *ich machte*, hiciste, hizo, hicimos, hicisteis, hicieron

Futuro: haré *ich werde machen*, harás, hará, haremos, haréis, harán
Condicional: haría *ich würde machen*, harías usw.
Imperativo: haz *mache*, no hagas, haga Vd., hagamos, haced, no hagáis, hagan Vds.
Presente de Subjuntivo: haga *ich mache*, hagas, haga, hagamos, hagáis, hagan
Imperfecto de Subjuntivo: hiciera *ich machte*, hicieras usw.

ir *gehen*
Gerundio: yendo *gehend*
Presente de Indicativo: voy *ich gehe*, vas, va, vamos, vais, van
Imperfecto: iba *ich ging*, ibas, iba, íbamos, ibais, iban
Pretérito indefinido: fui *ich ging*, fuiste, fue, fuimos, fuisteis, fueron
Imperativo: ve *geh*, no vayas, vaya Vd., vamos, id, no vayáis, vayan Vds.
Presente de Subjuntivo: vaya *ich gehe*, vayas, vaya, vayamos, vayáis, vayan
Imperfecto I de Subjuntivo: fuera *ich ginge*, fueras usw.

oír *hören*
Participio perfecto: oído *gehört*
Gerundio: oyendo *hörend*
Presente de Indicativo: oigo *ich höre*, oyes, oye, oímos, oís, oyen
Pretérito indefinido: oí *ich hörte*, oíste, oyó, oímos, oísteis, oyeron
Imperativo: oye *hör*, no oigas, oiga Vd., oigamos, oíd, no oigáis, oigan Vds.
Presente de Subjuntivo: oiga *ich höre*, oigas, oiga, oigamos, oigáis, oigan
Imperfecto I de Subjuntivo: oyera *ich hörte*, oyeras usw.

poder *können*
Gerundio: pudiendo *könnend*
Presente de Indicativo: puedo *ich kann*, puedes, puede, podemos, podéis, pueden
Pretérito indefinido: pude *ich konnte*, pudiste, pudo, pudimos, pudisteis, pudieron
Futuro: podré *ich werde können*, podrás, podrá, podremos, podréis, podrán
Condicional: podría *ich würde können*, podrías usw.
Presente de Subjuntivo: pueda *ich könne*, puedas, pueda, podamos, podáis, puedan
Imperfecto I de Subjuntivo: pudiera *ich könnte*, pudieras usw.

poner *setzen, stellen, legen*
Participio perfecto: puesto *gesetzt*
Presente de Indicativo: pongo *ich setze*, pones, pone, ponemos, ponéis, ponen
Pretérito indefinido: puse *ich setzte*, pusiste, puso, pusimos, pusisteis, pusieron
Futuro: pondré *ich werde setzen*, pondrás, pondrá, pondremos, pondréis, pondrán
Condicional: pondría *ich würde setzen*, pondrías usw.
Imperativo: pon *setze*, no pongas, ponga Vd., pongamos, poned, no pongáis, pongan Vds.

Presente de Subjuntivo: ponga *ich setze*, pongas, ponga, pongamos, pongáis, pongan

Imperfecto I de Subjuntivo: pusiera *ich setzte*, pusieras usw.

querer *wollen, lieben*

Presente de Indicativo: quiero *ich will*, quieres, quiere, queremos, queréis, quieren

Pretérito indefinido: quise *ich wollte*, quisiste, quiso, quisimos, quisisteis, quisieron

Futuro: querré *ich werde wollen*, querrás, querrá, querremos, querréis, querrán

Condicional: querría *ich würde wollen*, querrías usw.

Imperativo: quiere *wolle*, no quieras, quiera Vd., queramos, quered, no queráis, quieran Vds.

Presente de Subjuntivo: quiera *ich wolle*, quieras, quiera, queramos, queráis, quieran

Imperfecto I de Subjuntivo: quisiera *ich wollte*, quisieras usw.

reír *lachen*

Participio perfecto: reído *gelacht*

Gerundio: riendo *lachend*

Presente de Indicativo: río *ich lache*, ríes, ríe, reímos, reís, ríen

Pretérito indefinido: reí *ich lachte*, reíste, rio, reímos, reísteis, rieron

Imperativo: ríe *lache*, no rías, ría Vd., riamos, reíd, no riáis, rían Vds.

Presente de Subjuntivo: ría *ich lache*, rías, ría, riamos, riáis, rían

Imperfecto I de Subjuntivo: riera *ich lachte*, rieras usw.

saber *wissen, schmecken*

Presente de Indicativo: sé *ich weiß*, sabes, sabe, sabemos, sabéis, saben

Pretérito indefinido: supe *ich wußte, ich erfuhr*, supiste, supo, supimos, supisteis, supieron

Futuro: sabré *ich werde wissen*, sabrás, sabrá, sabremos, sabréis, sabrán

Condicional: sabría *ich würde wissen*, sabrías usw.

Imperativo: sabe *wisse*, no sepas, sepa Vd., sepamos, sabed, no sepáis, sepan Vds.

Presente de Subjuntivo: sepa *ich wisse*, sepas, sepa, sepamos, sepáis, sepan

Imperfecto I de Subjuntivo: supiera *ich wüßte*, supieras usw.

salir *weggehen, ausgehen*

Presente de Indicativo: salgo *ich gehe weg*, sales, sale, salimos, salís, salen

Futuro: saldré *ich werde weggehen*, saldrás, saldrá, saldremos, saldréis, saldrán

Condicional: saldría *ich würde weggehen*, saldrías usw.

Imperativo: sal *gehe weg*, no salgas, salga Vd., salgamos, salid, no salgáis, salgan Vds.

Presente de Subjuntivo: salga *ich gehe weg*, salgas, salga, salgamos, salgáis, salgan

traer *bringen*

Participio perfecto: traído *gebracht*

Gerundio: trayendo *bringend*

Presente de Indicativo: traigo *ich bringe*, traes, trae, traemos, traéis, traen

Pretérito indefinido: traje *ich brachte*, trajiste, trajo, trajimos, trajisteis, trajeron

Imperativo: trae *bringe*, no traigas, traiga Vd., traigamos, traed, no traigáis, traigan Vds.

Presente de Subjuntivo: traiga *ich bringe*, traigas, traiga, traigamos, traigáis, traigan

Imperfecto I de Subjuntivo: trajera *ich brächte*, trajeras usw.

valer *gelten, wert sein*

Presente de Indicativo: valgo *ich gelte*, vales, vale, valemos, valéis, valen

Futuro: valdré *ich werde gelten*, valdrás, valdrá, valdremos, valdréis, valdrán

Condicional: valdría *ich würde gelten*, valdrías usw.

Presente de Subjuntivo: valga *ich gelte*, valgas, valga, valgamos, valgáis, valgan

venir *kommen*

Gerundio: viniendo *kommend*

Presente de Indicativo: vengo *ich komme*, vienes, viene, venimos, venís, vienen

Pretérito indefinido: vine *ich kam*, viniste, vino, vinimos, vinisteis, vinieron

Futuro: vendré *ich werde kommen*, vendrás, vendrá, vendremos, vendréis, vendrán

Condicional: vendría *ich würde kommen*, vendrías usw.

Imperativo: ven *komm*, no vengas, venga Vd., vengamos, venid, no vengáis, vengan Vds.

Presente de Subjuntivo: venga *ich komme*, vengas, venga, vengamos, vengáis, vengan

Imperfecto I de Subjuntivo: viniera *ich käme*, vinieras usw.

ver *sehen*

Participio perfecto: visto *gesehen*

Presente de Indicativo: veo *ich sehe*, ves, ve, vemos, veis, ven

Imperfecto: veía *ich sah*, veías usw.

Pretérito indefinido: vi *ich sah*, viste, vio, vimos, visteis, vieron

Imperativo: ve *sieh*, no veas, vea Vd., veamos, ved, no veáis, vean Vds.

Presente de Subjuntivo: vea *ich sehe*, veas, vea, veamos, veáis, vean

Imperfecto I de Subjuntivo: viera *ich sähe*, vieras usw.

Verben mit unregelmäßigem Partizip Perfekt

abrir	*öffnen*	abierto	*geöffnet*
cubrir	*bedecken*	cubierto	*bedeckt*
escribir	*schreiben*	escrito	*geschrieben*
imprimir	*drucken*	impreso	*gedruckt*
morir	*sterben*	muerto	*gestorben*
resolver	*auflösen*	resuelto	*aufgelöst*

romper	*brechen*	roto	*gebrochen*
	aber:	corrompido	*verdorben*
		interrumpido	*unterbrochen*
volver	*zurückkommen*	vuelto	*zurückgekommen*

21. Die wichtigsten Rektionen

abusar de a/c.	*et. mißbrauchen*
acabar: ~ con a/c.	*et. vernichten, vertilgen;*
~ en bien (mal)	*gut (schlimm) ausgehen;*
~ de + *inf.*	*soeben (vollends) et. getan haben*
~ por + *inf.*	*schließlich et. tun*
acertar: ~ con a/c.	*et. finden (ac.);*
~ a + *inf.*	*zufällig et. tun*
acordarse de a/c. (alg.)	*sich an et. (j-n) erinnern*
admirarse de a/c.	*über et. staunen*
agradecer a/c. a alg., quedar agradecido a alg. por a/c.	*j-m für et. danken*
alegrarse de a/c.	*sich über et. freuen*
amenazar: ~ a alg. (*ac.*) (de muerte)	*j-m drohen (mit dem Tod);*
~ con la espada	*mit dem Schwert drohen*
aprovechar(se de) la ocasión	*die Gelegenheit benutzen*
arrepentirse de a/c.	*et. bereuen*
asistir: ~ a alg. (*ac.*)	*j-m beistehen;*
~ a + *inf.*	*(dazu) beitragen, et. zu tun*
asustarse de a/c.	*vor et. erschrecken; sich vor et. fürchten*
atreverse: ~ a a/c.	*sich an et. heranwagen;*
~ con alg.	*sich an j-n heranwagen*
ayudar: ~ a alg. (*ac.*)	*j-m helfen;*
~ a + *inf.*	*(dazu) beitragen, et. zu tun*
bajar por la escalera	*die Treppe hinuntergehen*
basta con eso	*das genügt;*
¡basta de bromas!	*genug gescherzt!*
caer: ~ a (la calle etc.)	*hinausgehen (Fenster: auf die Straße etc.);*
~ en	*Fest etc.: fallen auf od. in (ac.)*
cambiar: ~ a/c.	*et. (ver)ändern;*
~ a/c. por (con) otra	*et. gegen et. anderes vertauschen od. auswechseln;*

~ de a/c.	*et. wechseln* (*z. B.* ~ de asiento *den Platz wechseln*)*;*
~ de tren, ~ de coche	*umsteigen;*
~ una peseta en calderilla	*eine Peseta in Kupfergeld umwechseln*
celebrar a/c.	*sich über et. freuen*
lo celebro	*es freut mich*
componerse de	*bestehen aus*
confiar en alg.	*auf j-n vertrauen*
consentir en a/c.	*et.* (*dat.*) *zustimmen*
constar de	*bestehen aus*
contar: ~ con alg.	*auf j-n zählen;*
~ con a/c.	*über et. verfügen, et. aufweisen*
contestar a una pregunta	*eine Frage beantworten*
contradecir a alg. (*ac.*)	*j-m widersprechen*
convenir con alg. en a/c.	*mit j-m et. vereinbaren, mit j-m über et. einig werden*
convidar: ~ a comer	*zum Essen einladen;*
~ para el baile	*zum Tanz auffordern*
corregirse de una falta	*einen Fehler ablegen*
cuidar de alg.	*für j-n sorgen*
cumplir con sus deberes	*seine Pflicht erfüllen*
dar las gracias a alg. por a/c.	*j-m für et. danken*
decidirse: ~ en favor de alg.	*sich für j-n entscheiden;*
~ por a/c.	*sich für et. entscheiden;*
~ a + *inf.*	*sich entschließen, et. zu tun*
dejar: ~ de + *inf.*	*aufhören, et. zu tun*
no ~ de + *inf.*	*nicht unterlassen, et. zu tun;*
~se de a/c.	*et. einstellen, einer Sache entsagen;*
~se de rodeos	*keine Umschweife machen*
desconfiarse de alg.	*j-m mißtrauen, an j-m zweifeln*
descuidarse de a/c.	*et. vernachlässigen, sich nicht um et. bekümmern*
disculparse con alg. de a/c.	*sich bei j-m wegen et. entschuldigen*
disfrutar de a/c.	*et. genießen*
disponer de a/c.	*über et. verfügen*
dudar de a/c.	*an et. zweifeln*
empeñarse en + *inf.*	(*hartnäckig*) *darauf bestehen, et. zu tun*
enamorarse de alg.	*sich in j-n verlieben*
encargarse de a/c.	*et. übernehmen*

encontrar: ~ a alg. (*ac.*)	*j-m begegnen;*
~se con a/c.	*et. vorfinden*
enterarse de a/c.	*sich über et. unterrichten, et. erfahren*
esforzarse en (*od.* por, a) hacer a/c.	*sich um et. bemühen*
faltar a su palabra	*sein Wort nicht halten*
fijarse: ~ en alg.	*j-n gewahr werden, bemerken;*
~ en a/c.	*et. gewahr werden, bemerken*
gozar de a/c.	*et. genießen*
guardarse de a/c.	*sich vor et. hüten*
hacerse de rogar	*sich bitten (nötigen) lassen*
insistir en a/c.	*auf et. bestehen*
ir para viejo	*alt werden*
jugar a los naipes	*Karten spielen*
lograr a/c.	*et. erreichen*
logro + *inf.*	*es gelingt mir, et. zu tun*
llamar de tú a alg.	*j-n duzen*
olvidar: ~ a/c., ~se de a/c.	*et. vergessen;*
~se + *inf.*	*vergessen, et. zu tun*
partir para (España)	*abreisen nach (Spanien)*
pasar: ~ por (sabio)	*gelten für (gelehrt);*
~ por Madrid	*über Madrid reisen od. fahren;*
~ por a/c.	*et. erdulden, hinnehmen;*
~ en silencio	*stillschweigend übergehen*
poder ~ sin a/c.	*et. entbehren können, ohne et. auskommen*
pedir a/c. a alg.	*j-n um et. bitten*
pensar: ~ en a/c. (alg.)	*an et. (j-n) denken;*
~ + *inf.*	*vorhaben, et. zu tun*
perdonar a alg.	*j-m verzeihen*
ponerse en camino para	*sich auf den Weg machen nach*
preceder a alg.	*j-m vorangehen, den Vorrang vor j-m haben*
preguntar por alg.	*nach j-m fragen*
presenciar (una escena etc.)	*(einer Szene usw.) beiwohnen*
recordar: ~ a/c.	*sich an et. erinnern;*
~ a/c. a alg.	*j-n an et. erinnern*
referirse a a/c.	*sich auf et. beziehen*
remediar (un daño etc.)	*abhelfen, verhindern (Schaden usw.)*
renunciar a a/c.	*auf et. verzichten*
responder: ~ a (una pregunta etc.)	*antworten auf (eine Frage usw.);*

~ de a/c.	*für et. haften, verantwortlich sein;*
~ por alg.	*für j-n bürgen*
saber a/c. de memoria	*et. auswendig wissen*
salir de su casa	*das Haus verlassen, ausgehen*
satisfacer a alg.	*j-n zufriedenstellen, j-m Genugtuung verschaffen*
seguir a alg. (*ac.*)	*j-m folgen*
servir: ~ a alg. (*ac.*)	*j-m dienen;*
~ de a/c.	*als et. dienen;*
~se de a/c. (alg.)	*sich einer Sache (jemandes) bedienen*
socorrer a alg. (*ac.*)	*j-m helfen*
solicitar a/c.	*et. erbitten, sich um et. bemühen od. bewerben*
soñar con alg. (a/c.)	*von j-m (et.) träumen*
tardar: ~ (una hora etc.) en + *inf.*	*(eine Stunde usw.) (lange) Zeit brauchen, bis + Adverbialsatz der Zeit (es dauert noch ..., bis ...);*
~ en llegar	*(lange) auf sich warten lassen;*
~ en volver	*lange ausbleiben;*
no ~ en + *inf.*	*bald et. tun*
vestir: ~ a la moda	*sich nach der Mode kleiden;*
~ de uniforme (de etiqueta)	*Uniform (Gesellschaftsanzug) tragen;*
~ de blanco etc.	*weiß etc. gekleidet gehen*
volver a + *inf.*	*wieder, von neuem et. tun*

22. Gebrauch des Konjunktivs

Abgesehen von einigen formelhaften Wendungen in Wunschsätzen (wie z. B. sea lo que sea *wie dem auch sei* — ¡ Dios os ampare! *Gott behüte euch!* —¡ Pluguiera (*von* placer) a Dios! *Gott gebe es!* — ¡ Viva el Presidente! *Es lebe der Präsident!*) wird der Konjunktiv nur in Nebensätzen gebraucht. Er bezeichnet die Nichtwirklichkeit (Irrealität) oder ist Ausdruck von Willensäußerungen — worunter alles zu verstehen ist, was Wunsch, Absicht, Bitte, Aufforderung zum Ausdruck bringt — bzw. von persönlichen (subjektiven) Gefühlen und Meinungen wie Freude, Trauer, Verwunderung, Furcht usw. Der Konjunktiv drückt demnach aus, was dem Sprechenden wünschenswert, denkbar, möglich, schwierig, zweifelhaft, ungewiß erscheint. Er gibt die persönliche Auffassung des Sprechenden, sein subjektives Urteil über die von ihm gemachte Mitteilung wieder.

Der Konjunktiv steht

1. nach der Konjunktion **que**, und zwar

a) nach Verben, die einen **Wunsch** oder eine **Willensäußerung** ausdrücken (deseo que me ayudes *ich wünsche, daß du mir hilfst*; queremos que nos diga la verdad *wir wollen, daß er uns die Wahrheit sagt*);

b) nach Verben, die **persönliche Gefühle** wie Freude, Trauer, Verwunderung, Furcht ausdrücken (nos alegramos que Vd. haya venido *wir freuen uns, daß Sie gekommen sind*; me asombro de que el señor García no haya salido *ich wundere mich, daß Herr García nicht abgereist ist*);

c) nach Verben des **Sagens und Denkens,** wenn sie durch Frage oder Verneinung zu Ausdrücken der Ungewißheit werden (¿ Cree Vd. que eso sea verdad? *Glauben Sie, daß das wahr ist?*; no creemos que haya dicho eso *wir glauben nicht, daß er das gesagt hat*);

d) nach **unpersönlichen Ausdrücken,** die solchen einer Willensäußerung, eines persönlichen Gefühls bzw. verneinten Ausdrücken des Sagens und Denkens gleichkommen und somit an sich schon besagen, daß etwas zweifelhaft ist (es necesario que venga Vd. sin demora *es ist notwendig, daß Sie unverzüglich kommen*; es extraño que no nos haya encontrado *es ist sonderbar, daß er uns nicht angetroffen hat*; es imposible que lleguemos a tiempo *es ist unmöglich, daß wir rechtzeitig ankommen*).

2. **Nach gewissen Konjunktionen** wie antes que *bevor*, sin que *ohne daß*, para que *damit*, caso que *falls*, a no ser que *wofern nicht*, si *wenn*, como si *als ob* (antes que replique Vd. *bevor Sie erwidern*; para que lo sepa Vd. *damit Sie es wissen*; caso que no llegue a tiempo *falls er nicht rechtzeitig eintrifft*; si tuviese dinero, compraría el coche *wenn ich Geld hätte, würde ich den Wagen kaufen*).

Nach anderen Konjunktionen wie aunque *obwohl, auch wenn*, cuando *als, wenn, sobald*, mientras *während, solange*, de manera (modo) que *so daß* steht der Indikativ, wenn der Nebensatz die bloße Mitteilung einer Tatsache enthält, der Konjunktiv dagegen, wenn der Nebensatz etwas Unbestimmtes (Irreales) ausdrückt (aunque venimos *obwohl wir kommen*, aunque vengamos *auch wenn wir kommen*; mientras duerme *während er schläft*, mientras duerma *solange er schläft*).

In **Relativsätzen** steht der Konjunktiv

1. wenn sie eine gewünschte oder geforderte Eigenschaft ausdrücken (buscamos un joven que sepa llevar la correspondencia en español *wir suchen einen jungen Mann, der den Schriftwechsel auf spanisch führen kann*);

2. wenn sie sich auf einen verneinten Begriff des Hauptsatzes beziehen (no hay mal que cien años dure *es gibt kein Übel, das hundert Jahre dauert*);

3. wenn sie etwas Ungewisses, Mögliches ausdrücken (haga Vd. lo que quiera *tun Sie, was Sie wollen*);

4. in verallgemeinernden Einräumungssätzen nach quienquiera *wer auch immer* und cualquiera *was auch immer* (quienquiera que lo haya hecho, queremos saberlo todo *wer auch immer es getan hat, wir wollen alles wissen*; cualquiera que sea su motivo *was auch immer sein Grund sein mag*).

Abweichend vom Deutschen steht in der **indirekten Rede** im Spanischen der **Indikativ,** da der Sprechende von der Wirklichkeit dessen, was er berichtet, überzeugt ist: dice que está enfermo *er sagt, daß er krank sei*; escribió que estaba enfermo *er schrieb, daß er krank sei*; le pregunté cuántos hermanos tenía *ich fragte ihn, wie viele Geschwister er habe*. Bei diesen Konstruktionen ist auf die **Zeitenfolge** zu achten: steht im Hauptsatz das Verb im Präsens oder Futur, so muß es im Nebensatz ebenfalls im Präsens oder Futur stehen (afirma que es española *sie behauptet, sie sei Spanierin*). Steht dagegen das Verb im Hauptsatz in einer Zeit der Vergangenheit, so muß auch das Verb im Nebensatz in einer Zeit der Vergangenheit stehen (afirmaba que era española *sie behauptete, sie sei Spanierin*).

23. Gebrauch des Infinitivs

I. Der reine Infinitiv

Als substantivische Form des Verbs kann der Infinitiv mit Präpositionen verbunden werden und im Satz Subjekt, prädikative Ergänzung und Objekt sein. Einige Infinitive sind sogar zu Substantiven geworden (el saber *das Wissen*, el poder *das Können, die Macht*, el deber *die Pflicht*, el parecer *die Meinung*, el ser *das Wesen* u. a.).

Je nachdem, ob der Infinitiv **ohne** oder **mit** Präposition gebraucht wird, spricht man vom *reinen* bzw. *präpositionalen* Infinitiv. Hierbei ist grundsätzlich festzustellen, daß Verben, die durch ein Substantiv **ohne** Präposition ergänzt werden, auch den Infinitiv **ohne** Präposition nach sich ziehen. Andererseits steht dieselbe Präposition, die vor einer substantivischen Ergänzung stehen würde, auch vor einem entsprechenden Infinitiv.

Als Objekt steht **der reine Infinitiv** durchweg nach allen Verben, die auch ein Substantiv im Akkusativ nach sich ziehen, somit

a) nach den **modalen Hilfsverben:** poder, saber *können*, deber *sollen, müssen*, querer *wollen* sowie den Verben hacer (*veran*)*lassen* und dejar (*zu*)*lassen* (sabe conducir un auto *er kann Auto fahren*);

b) nach den **Verben des Wünschens und Wollens** wie: desear *wünschen*, preferir *vorziehen, lieber wollen*, esperar *hoffen*, permitir *gestatten*, prohibir *verbieten*, proponer *vorschlagen*, ordenar *befehlen* (le propongo salir en seguida *ich schlage Ihnen vor, sofort abzureisen*);

c) nach den **Verben der sinnlichen Wahrnehmung** wie: oír *hören*, ver *sehen*, sentir *fühlen, bedauern* (oigo venir el tren *ich höre den Zug kommen*);

d) nach den **Verben des Glaubens, Denkens und Meinens** wie: creer *glauben*, decidir *beschließen*, intentar *beabsichtigen*, negar *leugnen*, recordar *sich erinnern*, temer *fürchten* (hemos decidido abandonar el proyecto *wir haben beschlossen, das Vorhaben aufzugeben*);

e) nach den **Verben des Sagens, Behauptens und Versicherns** wie: decir *sagen*, afirmar, pretender *behaupten*, declarar *erklären*, confesar *gestehen*, prometer *versprechen*, ofrecer *anbieten*, aconsejar *raten* (prometió ayudarnos *er versprach, uns zu helfen*);

f) nach **unpersönlichen Ausdrücken** wie: es fácil, difícil *es ist leicht, schwierig*, es necesario *es ist nötig*, es útil *es ist nützlich*, más vale *es ist besser*, me gusta *es gefällt mir* (será necesario enviar un telegrama *es wird nötig sein, ein Telegramm zu schicken*).

II. Der präpositionale Infinitiv

Der **Infinitiv mit de** steht

a) als Attribut nach **Substantiven,** die auch ein nachfolgendes Substantiv mit de anschließen würden (no tengo el gusto de conocer a su esposa *ich habe nicht das Vergnügen, Ihre Gattin zu kennen*; tenga la bondad de responder a vuelta de correo *haben Sie die Güte, postwendend zu antworten*; tenemos la intención de vender nuestra casa *wir haben die Absicht, unser Haus zu verkaufen*);

b) nach **Adjektiven,** die auch ein nachfolgendes Substantiv mit de anschließen würden, wie capaz de *fähig*, digno de *würdig*, lejos de *weit entfernt* (es capaz de negarlo todo *er ist fähig, alles abzustreiten*);

c) nach **Verben,** die auch ein nachfolgendes Substantiv mit de anschließen würden, wie acusar de *anklagen*, alegrarse de *sich freuen*, arrepentirse de *bereuen*, asegurarse de *sich vergewissern*, cansarse de *überdrüssig werden*, cesar de, dejar de *aufhören*, encargarse de *übernehmen*, extrañarse de *sich wundern*, guardarse de *sich hüten*, quejarse de *sich beklagen*, tratar de *(ver)suchen* (me he arrepentido de haber vendido el jardín *ich habe es bereut, den Garten verkauft zu haben*; nos guardamos de irritarle *wir hüten uns, ihn zu reizen*; el fiscal le acusó de haber cometido una infracción *der Staatsanwalt klagte ihn an, eine strafbare Handlung begangen zu haben*);

d) in **besonderen Wendungen** wie dar de comer *zu essen geben*, no poder menos de *nicht umhin können*, acabar de hacer *soeben getan haben*, es de creer, notar, suponer *es ist zu glauben, zu beachten, anzunehmen.*

Der **Infinitiv mit a** steht

a) als Attribut nach **Substantiven** und **Adjektiven,** die auch ein nachfolgendes Substantiv mit a anschließen würden (no tiene derecho a quejarse de nosotros *er hat kein Recht, sich über uns zu beklagen*; está dispuesto a seguirnos *er ist bereit, uns zu folgen*);

b) nach den **Verben der Bewegung** wie: ir a *gehen*, venir a *kommen*, llegar a *ankommen*, subir a *hinaufgehen*, bajar a *hinuntergehen*, correr a *laufen*, volver a *zurückkehren*, acercarse a *sich nähern*, apresurarse a *sich beeilen* (vino a verme por la tarde *er kam mich nachmittags besuchen*);

c) nach **Verben,** die das Streben nach einer **Richtung,** einem **Ziel** oder **Zweck** zum Ausdruck bringen, die somit auf die mit *womit?, wozu?, worauf?* usw. eingeleiteten Fragen Auskunft geben. Es handelt sich hierbei um Verben wie acostumbrarse a *sich gewöhnen*, aprender a *lernen*, aspirar a *streben*, atreverse a *wagen*, ayudar a *helfen*, comenzar a, empezar a, meterse a, echar(se) a *anfangen*, comprometerse a, obligarse a *sich verpflichten*, contribuir a *beitragen*, convidar a, invitar a *einladen*, decidirse a *sich entschließen*, disponerse a *sich anschicken*, enseñar a *lehren*, limitarse a *sich beschränken*, negarse a *sich weigern*, prepararse a *sich vorbereiten* (nos hemos comprometido a socorrerle *wir haben uns verpflichtet, ihn zu unterstützen*; me limito a avisarle a Vd. del peligro *ich beschränke mich darauf, Sie vor der Gefahr zu warnen*; se preparó a partir en seguida *er bereitete sich darauf vor, sofort abzureisen*).

Der **Infinitiv mit anderen Präpositionen:**

en: afanarse en *sich anstrengen*, complacerse en *Gefallen finden an*, empeñarse en, insistir en *bestehen auf*, convenir en *übereinkommen*, tardar en *zögern*, tener gusto, interés en *Gefallen finden*, *Interesse haben an*, tener empeño en *Wert legen auf*, no tener inconveniente en *nichts dagegen haben*.

con: soñar con *träumen*, contentarse con *sich begnügen*

para: estar para *im Begriff sein*

por: empezar por hacer *anfangs tun*, acabar por hacer *schließlich tun*

Häufig tritt der Infinitiv an die Stelle eines Nebensatzes: al salir del teatro, tomé un taxi *als ich aus dem Theater kam, nahm ich eine Taxe* (Temporalsatz der Gleichzeitigkeit)

a (de, con) afirmármelo tu, estoy tranquilizado *wenn du es mir versicherst, bin ich beruhigt* (Konditionalsatz)

por (con) haber dicho esto, le has enojado *weil du das gesagt hast, hast du ihn erzürnt* (Kausalsatz)

a pesar de (con) ser rica, no es feliz *obwohl sie reich ist, ist sie nicht glücklich* (Konzessivsatz)

no sabemos qué hacer *wir wissen nicht, was wir tun sollen* (indirekter Fragesatz)

VI. Das Pronomen (Fürwort)

1. Die unbetonten persönlichen Fürwörter

Dativ		Akkusativ	
Singular	Plural	Singular	Plural
me *mir*	**nos** *uns*	**me** *mich*	**nos** *uns*
te *dir*	**os** *euch*	**te** *dich*	**os** *euch*
le *ihm*	**les** *ihnen*	**le, lo** *ihn*	**les, los** *sie*
le *ihr*	**les** *ihnen*	**la** *sie*	**las** *sie*
le *Ihnen*	**les** *Ihnen*	**le** *Sie*	**les** *Sie*
		lo *es*	—
se *sich*	**se** *sich*	**se** *sich*	**se** *sich*

Bemerkungen:

1. Der Akkusativ des männlichen Fürworts der 3. Person (Singular und Plural) weist zwei Formen auf: **le (les)** bezieht sich auf Personen, **lo (los)** dagegen auf Sachen. Es muß also heißen: ¿Dónde está tu hermano? No **le** veo *Wo ist dein Bruder? Ich sehe ihn nicht.* Aber: ¿Dónde está el bolígrafo? No **lo** veo *Wo ist der Kugelschreiber? Ich sehe ihn nicht.*

2. Die unbetonten Formen der persönlichen Fürwörter werden im Dativ und Akkusativ gebraucht, wenn kein besonderer Nachdruck auf ihnen liegt und sie nicht mit einer Präposition verbunden sind. Sie stehen in der Regel* unmittelbar **vor** dem Verb, in zusammengesetzten Zeiten vor dem Hilfsverb:

Dativ: le escribimos una carta *wir schreiben ihm (ihr) einen Brief*
le hemos escrito una carta *wir haben ihm (ihr) einen Brief geschrieben*

Akkusativ: la vemos hoy *wir sehen sie heute*
la hemos visto hoy *wir haben sie heute gesehen*

Zusammengesetzte Formen der unbetonten persönlichen Fürwörter

me	lo	(le, la, los, les, las)	*es mir (ihn mir, sie mir)*
te	lo	(le, la, los, les, las)	*es dir (ihn dir, sie dir)*
se	lo	(le, la, los, les, las)	*es ihm, es ihr (ihn ihm, ihn ihr, sie ihm, sie ihr)*
nos	lo	(le, la, los, les, las)	*es uns (ihn uns, sie uns)*
os	lo	(le, la, los, les, las)	*es euch (ihn euch, sie euch)*
se	lo	(le, la, los, les, las)	*es sich (ihn sich, sie sich)*

Bemerkungen:

1. In der Aufeinanderfolge zweier unbetonter persönlicher Fürwörter beim Verb unterscheiden sich die deutsche und die spanische Sprache grundsätzlich. Während es im Deutschen heißt: ich gebe es dir (Akkusativ vor Dativ), verwendet das Spanische gerade die umgekehrte Reihenfolge: te lo doy **(Dativ vor Akkusativ).**

2. Der Dativ **le(s)** wird vor allen mit l beginnenden Fürwörtern durch se** ersetzt, das nicht mit dem Reflexivpronomen se (s. 3.) zu verwechseln ist: se lo digo *ich sage es ihm (ihr, ihnen, Ihnen).* Geht aus dem Zusammenhang nicht klar hervor, für welches Dativpronomen se eingetreten ist, so wird der Dativ des entsprechenden unverbundenen Fürworts hinzugefügt: se lo digo a él *ich sage es ihm*, se lo digo a ella *ich sage es ihr*, se lo digo a Vd. *ich sage es Ihnen*, se lo digo a ellos (ellas) *ich sage es ihnen*, se lo digo a Vds. *ich sage es Ihnen.*

---

* Angehängt werden sie an den Infinitiv (esperamos verla *wir hoffen, sie zu sehen*), an das Gerundium (s. S. 26) sowie an den bejahenden Imperativ (s. S. 32).

** < lat. illi über altspan. lle.

3. Das Reflexivpronomen **se** steht nicht nur **vor** den Fürwörtern der 3. Person (s. Tabelle), sondern stets auch vor denen der 1. oder 2. Person: se me había presentado *er hatte sich mir vorgestellt.* Ist jedoch in diesen Zusammenstellungen die 1. oder 2. Person ein reflexiver Akkusativ, so nimmt der Dativ der 3. Person besser die unverbundene Form an: me había presentado a él (statt me le había presentado) *ich hatte mich ihm vorgestellt.*

4. Bezüglich der **Stellung** beim Verb gilt das auf S. 47 Gesagte. Auch die zusammengesetzten Formen der unbetonten persönlichen Fürwörter stehen in der Regel — die bei den einfachen Formen genannten Ausnahmen gelten auch für die zusammengesetzten Formen — **vor** dem Verb, in den zusammengesetzten Zeiten vor dem Hilfsverb:

me lo dice **er sagt es mir**

me lo ha dicho **er hat es mir gesagt**

os las (= las revistas) restituiré mañana *ich werde sie euch morgen zurückgeben*

os las había restituido *ich hatte sie euch zurückgegeben*

2. Die betonten persönlichen Fürwörter

Nominativ	**Genitiv**	**Dativ** **Akkusativ**
	Singular	
yo *ich*	**de mí** *meiner*	**a mí** *mir, mich*
tú *du*	**de ti** *deiner*	**a ti** *dir, dich*
él *er*	**de él** *seiner*	**a él** *ihm, ihn*
ella *sie*	**de ella** *ihrer*	**a ella** *ihr, sie*
ello *es*	**de ello** (*davon*)	**a ello** (*dazu, darauf*)
	Plural	
nosotros, -as *wir*	**de nosotros, -as** *unser*	**a nosotros, -as** *uns*
vosotros, -as *ihr*	**de vosotros, -as** *euer*	**a vosotros, -as** *euch*
ellos, -as *sie*	**de ellos, -as** *ihrer*	**a ellos, -as** *ihnen, sie*

Bemerkungen:

Die betonten Formen der persönlichen Fürwörter werden nur gebraucht,

a) wenn sie als Nominativ besonders **hervorgehoben** oder voneinander **unterschieden** werden sollen: él es español, ella es alemana **er** *ist Spanier,* **sie** *ist Deutsche* (s. S. 18);

b) in Verbindung mit **Präpositionen** (de, a, para, sin): para él *für ihn*, sin mí *ohne mich*. Die Präposition con verbindet sich mit den Fürwörtern mí und ti zu conmigo *mit mir* und contigo *mit dir*, zu denen noch die reflexive Form consigo *mit sich* tritt. Die übrigen Formen lauten regelmäßig: con él, con ella, con nosotros usw.

3. Die rückbezüglichen Fürwörter

1. Als rückbezügliche Fürwörter werden die unbetonten Formen der persönlichen Fürwörter **me, te, se, nos, os, se** (s. S. 46) verwendet:

alegrar**se**	
me alegro *ich freue mich*	**nos** alegramos
te alegras	**os** alegráis
se alegra	**se** alegran

2. Das deutsche **„man“** wird durch das Reflexivpronomen **se** ausgedrückt, zu dem, je nach dem Subjekt des Satzes, die 3. Person Singular oder die 3. Person Plural des Zeitwortes tritt:

se alquila el cuarto *man vermietet das Zimmer*
(wörtlich: *das Zimmer vermietet sich*)

se alquilan cuartos *man vermietet Zimmer*
(wörtlich: *Zimmer vermieten sich*)

Solche reflexiven Wendungen dienen sehr häufig zur Umschreibung des Passivs (s. S. 31). Statt la casa es vendida *das Haus wird verkauft* sagt man besser: la casa se vende.

3. Trifft das unbestimmte Fürwort **se** *man* mit einem reflexiven Zeitwort in der 3. Person zusammen, so wird es durch **uno** ersetzt: uno se extraña *man wundert sich.*

4. Die besitzanzeigenden Fürwörter

a) Die verbundenen (adjektivischen) Formen

Singular	Plural
mi *mein*	**mis** *meine*
tu *dein*	**tus** *deine*
su *sein, ihr, Ihr*	**sus** *seine, ihre, Ihre*
nuestro, -a *unser*	**nuestros, -as** *unsere*
vuestro, -a *euer*	**vuestros, -as** *eure*
su *ihr, Ihr*	**sus** *ihre, Ihre*

Bemerkungen:

1. Die verbundenen Formen des besitzanzeigenden Fürwortes stehen unmittelbar vor dem Hauptwort und richten sich nach dessen Zahl, in den Formen nuestro und vuestro auch nach dessen Geschlecht:

mi libro *mein Buch* — mis libros *meine Bücher*

nuestra casa *unser Haus* — nuestras casas *unsere Häuser*

2. Das besitzanzeigende Fürwort der 3. Person **su** kann sich auf einen oder mehrere Besitzer sowohl der dritten (sein, ihr) wie auch der angeredeten Person (Ihr) beziehen. Su guante kann demnach heißen: sein Handschuh, ihr Handschuh und Ihr Handschuh. Geht aus dem Zusammenhang nicht klar hervor, wer der Besitzer ist, so tritt anstelle des besitzanzeigenden Fürwortes der bestimmte Artikel vor das Hauptwort, dem der Genitiv des entsprechenden persönlichen Fürwortes in der betonten Form folgt:

el guante de él	*sein Handschuh*
el guante de ella	*ihr Handschuh*
el guante de Vd.	*Ihr Handschuh*
el guante de ellos	*ihr Handschuh*
el guante de ellas	*ihr Handschuh*
el guante de Vds.	*Ihr Handschuh*

Mit Bezug auf die angeredete Person (Ihr) ist auch die Verbindung su ... de Vd. (Vds.) gestattet: su casa de Vd. (Vds.) *Ihr Haus.*

b) Die unverbundenen (substantivischen) Formen

Singular	Plural
mío, -a *mein, meinig*	**míos, -as** *meine, meinige*
tuyo, -a *dein, deinig*	**tuyos, -as** *deine, deinige*
suyo, -a *sein, seinig, ihr, ihrig, Ihr, Ihrig*	**suyos, -as** *seine, seinige, ihre, ihrige, Ihre, Ihrige*
nuestro, -a *unser, unsrig*	**nuestros, -as** *unsere, unsrige*
vuestro, -a *euer, eurig*	**vuestros, -as** *eure, eurige*
suyo, -a *ihr, ihrig, Ihr, Ihrig*	**suyos, -as** *ihre, ihrige, Ihre, Ihrige*

Bemerkungen:

1. Die unverbundenen Formen des besitzanzeigenden Fürwortes stehen:

a) **ohne** Hauptwort *mit* dem bestimmten Artikel, wenn ein vorher erwähntes Hauptwort zu ergänzen ist (nuestro perro y el tuyo *unser Hund und deiner*), *ohne* bestimmten Artikel als Prädikat (estos perros son nuestros *diese Hunde gehören uns*);

b) **mit** Hauptwort (als dessen Attribut): un amigo nuestro *ein Freund von uns, einer unserer Freunde.* Wird ein solcher Ausdruck prädikativ gebraucht, so entfällt der Artikel: es amigo nuestro *er ist ein Freund von uns.*

2. Wenn aus dem Zusammenhang nicht hervorgeht, auf welchen Besitzer sich **suyo** bezieht, so tritt auch in diesem Fall an die Stelle des besitzanzeigenden Fürwortes der bestimmte Artikel mit dem Genitiv des persönlichen Fürwortes in der betonten Form:
statt mi guante y el suyo:

mi guante y el de él *mein Handschuh und der seinige*
mi guante y el de ella *mein Handschuh und der ihrige* usw.

5. Die bezüglichen Fürwörter

1. Das am meisten gebrauchte bezügliche Fürwort ist **que.** Es ist unveränderlich, bezieht sich auf Personen wie auf Sachen, steht im Singular und im Plural, auch nach kurzen Präpositionen:

el señor (la señora) que ha llegado *der Herr (die Dame), der (die) angekommen ist*

los señores (las señoras) que he visto *die Herren (die Damen), die ich gesehen habe*

el libro (la revista) que nos gusta *das Buch (die Zeitschrift), das (die) uns gefällt*

los libros (las revistas) que hemos leído *die Bücher (die Zeitschriften), die wir gelesen haben*

el proyecto a que renuncio *das Vorhaben, auf das ich verzichte*
los proyectos de que desistimos *die Vorhaben, von denen wir Abstand nehmen*

la casa en que vivo *das Haus, in dem ich wohne*

2. Das bezügliche Fürwort **quien** (*Plural* quienes) bezieht sich nur auf Personen (meist nach Präpositionen): el artista a quien hemos hablado *der Künstler, mit dem wir gesprochen haben*; los extranjeros de quienes habla *die Ausländer, von denen er spricht.*

3. Die bezüglichen Fürwörter **el (la) cual, los (las) cuales** und **el (la) que, los (las) que** beziehen sich auf Personen wie auf Sachen und richten sich in Geschlecht und Zahl nach ihrem Beziehungswort. Sie stehen vor allem nach den längeren Präpositionen:

los abogados para los cuales (para los que) he trabajado mucho *die Anwälte, für die ich viel gearbeitet habe*

la iglesia, alrededor de la cual (de la que) se extiende un parque *die Kirche, um die herum sich ein Park erstreckt*

Da diese Fürwörter in ihren Formen Geschlecht und Zahl unterscheiden, dienen sie auch dazu, Mißverständnisse zu vermeiden:

la hermana de **mi amigo que** llega hoy
die Schwester meines Freundes, der heute ankommt

la hermana de mi amigo **la cual** (la que) llega hoy
die Schwester meines Freundes, die heute ankommt

4. Das einen Besitz anzeigende bezügliche Fürwort **cuyo, -a** (*Plural* cuyos, -as) *dessen, deren* richtet sich in Geschlecht und Zahl nach dem darauf folgenden Substantiv: el comerciante cuyos clientes viven en España *der Kaufmann, dessen Kunden in Spanien wohnen*; el médico en cuya casa vivo *der Arzt, in dessen Haus ich wohne.*

5. Das sich auf den Inhalt des vorhergehenden Satzes beziehende **lo que (lo cual)** *was* kommt nur im Singular vor: eso es lo que yo decía *das ist es, was ich sagte*; es siempre indiscreta, lo que no me gusta *sie ist immer vorlaut, was mir nicht gefällt.*

Alles, was wird mit **todo lo que, todo cuanto** oder einfach **cuanto** wiedergegeben: regala todo lo que (todo cuanto, cuanto) posee *er verschenkt alles, was er besitzt.*

6. Die Fragefürwörter

1. Nur nach Personen (wer?) fragt **¿quién?** (*Plural* ¿ quiénes?): ¿ Quién es aquella señora? *Wer ist jene Dame?* ¿ A quién ha visto Vd.? *Wen haben Sie gesehen?* ¿ De quién es este bolso? *Wem gehört diese Tasche?*

2. Nur nach Sachen (was?) fragt, wenn es allein steht, **¿qué?:** ¿ Qué ha dicho? *Was hat er gesagt?* Vor einem Substantiv stehend, fragt es in der Bedeutung welcher?, was für ein? nach Personen und Sachen: ¿ Qué señor ha visto Vd.? *Welchen Herrn haben Sie gesehen*? ¿ Qué alfombra has comprado? *Was für einen Teppich hast du gekauft*?

3. Nach einzelnen Personen oder Sachen aus einer größeren Anzahl (welcher?, welche?) fragt **¿cuál?** (*Plural* ¿cuáles?). Es richtet sich in der Zahl nach dem zu ergänzenden Substantiv, steht jedoch nie unmittelbar vor diesem: ¿ Cuál de estos turistas se ha quejado? *Welcher von diesen Touristen hat sich beschwert?* ¿ Cuáles de estas máquinas han comprado los clientes? *Welche von diesen Maschinen haben die Kunden gekauft?*

4. Nach Personen und Sachen (wieviel?, wie viele?) fragt **¿cuánto, -a?** (*Plural* ¿cuántos, -as?): ¿ Cuánto vale este cuadro? *Wieviel kostet dieses Gemälde?* ¿ Cuántas naranjas habéis comido? *Wie viele Apfelsinen habt ihr gegessen?*

7. Die hinweisenden Fürwörter

					Person oder Sache
este *dieser* (*hier*)	**esta** *diese* (*hier*)	**esto** *dieses* (*hier*)	**estos** *diese* (*hier*)	**estas**	beim Sprechenden
ese *dieser* (*da*)	**esa** *diese* (*da*)	**eso** *dieses* (*da*)	**esos** *diese* (*da*)	**esas**	beim Angeredeten
aquel *jener*	**aquella** *jene*	**aquello** *jenes*	**aquellos**	**aquellas** *jene*	bei keinem von beiden

Bemerkungen:

1. Die Formen **este, esta, esto** weisen auf Gegenstände oder Personen hin, die im Bereich des Sprechenden liegen: este libro no me gusta *dieses Buch* (*hier*) *gefällt mir nicht.*

2. Die Formen **ese, esa, eso** weisen auf Gegenstände oder Personen hin, die im Bereich des Angeredeten liegen: tenga la bondad de darme ese libro *haben Sie die Güte, mir dieses Buch* (*da*) *zu geben.*

3. Die Formen **aquel, aquella** und **aquello** weisen auf Gegenstände oder Personen hin, die weder im Bereich des Sprechenden noch in dem des Angeredeten liegen: aquella región es famosa por sus vinos *jene Gegend ist berühmt wegen ihrer Weine.*

4. Werden die Formen der hinweisenden Fürwörter alleinstehend (substantivisch) gebraucht, so erhalten sie — mit Ausnahme der sächlichen Formen esto, eso, aquello — einen Akzent: ¿Busca Vd. su bolígrafo? ¿Es éste? *Suchen Sie Ihren Kugelschreiber? Ist es dieser hier?*

5. Wird mit einem hinweisenden Fürwort auf ein folgendes Hauptwort verwiesen, so richtet sich das Fürwort in Geschlecht und Zahl nach dem Hauptwort (im Gegensatz zum Deutschen, das die sächliche Form des Fürworts gebraucht): éstas son mis hijas *dies sind meine Töchter.*

8. Die unbestimmten Fürwörter

Ihrer Verwendung nach zu unterscheiden sind:

1. nur **adjektivisch** gebrauchte (d. h. nur in Verbindung mit einem Substantiv vorkommende) unbestimmte Fürwörter. Die wichtigsten sind:

cada *jeder* (unveränderlich): cada alumno *jeder Schüler*, cada mujer *jede Frau*, cada vez *jedesmal*

cierto, -a *ein gewisser* (ohne unbestimmten Artikel): cierto árabe *ein gewisser Araber*, cierta sospecha *ein gewisser Verdacht*

tal, -es *ein solcher* (ohne unbestimmten Artikel): tal vida *ein solches Leben*, tales palabras *solche Worte*

todo, -a *ganz, jeder*, Plural *alle* (mit nachgestelltem Artikel): toda su parentela *seine ganze Verwandtschaft*, todo hombre *jeder Mensch*, todos los días *alle Tage*, todas las noches *alle Nächte*

2. nur **substantivisch** gebrauchte (d. h. nur alleinstehend vorkommende) unbestimmte Fürwörter. Die wichtigsten sind:

algo *etwas:* ¿ Sabe Vd. algo de nuevo? *Wissen Sie etwas Neues?*

alguien *jemand:* ¿ Ha llamado alguien? *Hat jemand angerufen?*

cada uno, -a *jeder*: cada uno de los alumnos *jeder (einzelne) der Schüler*

nada *nichts* (tritt es *hinter* das Verb, so muß no vor das Verb gesetzt werden; steht es dagegen *vor* dem Verb, entfällt no): no ha dicho nada *er hat nichts gesagt*, nada ha dicho *nichts hat er gesagt*

nadie *niemand* (bezüglich der Verwendung von no gilt das unter nada Gesagte): no he visto a nadie *ich habe niemand gesehen*, nadie ha visto eso *niemand hat das gesehen*

todo *alles* (unveränderlich): lo sabemos todo *wir wissen alles*

todos, -as *alle:* salimos todos *wir gingen alle hinaus*, todas están presentes *alle sind anwesend*

3. **adjektivisch und substantivisch** gebrauchte unbestimmte Fürwörter. Die wichtigsten sind:

alguno, -a *irgendeiner*, Plural *einige* (vor einem männlichen Substantiv im Singular algún): algún conocido *irgendein Bekannter*, algunas revistas *einige Zeitschriften*; algunos han desaparecido *einige sind verschwunden*

cualquiera *irgendein (beliebiger), irgend jemand* (< cual + quiera = *welchen man auch wollen möge*, vor einem Substantiv im Singular cualquier): cualquier libro *irgendein (beliebiges) Buch*, cualquier revista *irgendeine (beliebige) Zeitschrift*; ¡ Venga cualquiera! *Irgend jemand möge kommen!*

mismo, -a *derselbe, selbst, sogar*: el mismo presidente *derselbe Vorsitzende*, el presidente mismo *der Vorsitzende selbst, sogar der Vorsitzende*; dice siempre lo mismo *er sagt immer dasselbe*

ninguno, -a *keiner* (nur im Singular gebräuchlich, vor einem männlichen Substantiv ningún): ningún alumno *kein Schüler*, ninguna respuesta *keine Antwort*

otro, -a *ein anderer, noch ein* (ohne unbestimmten Artikel): otro ejemplo *ein anderes Beispiel*, otras declaraciones *andere (weitere) Erklärungen*; otros afirman lo contrario *andere behaupten das Gegenteil*

VII. Das Zahlwort

1. Die Grundzahlen

0	cero	17	diecisiete	100	ciento, cien
1	uno, una	18	dieciocho	101	ciento uno
2	dos	19	diecinueve	200	doscientos, -as
3	tres	20	veinte	300	trescientos, -as
4	cuatro	21	veintiuno	400	cuatrocientos, -as
5	cinco	22	veintidós	500	quinientos, -as
6	seis	23	veintitrés	600	seiscientos, -as
7	siete	29	veintinueve	700	setecientos, -as
8	ocho	30	treinta	800	ochocientos, -as
9	nueve	31	treinta y uno	900	novecientos, -as
10	diez	32	treinta y dos	1 000	mil
11	once	40	cuarenta	2 000	dos mil
12	doce	50	cincuenta	100 000	cien mil
13	trece	60	sesenta	500 000	quinientos mil
14	catorce	70	setenta	1 000 000	un millón (de)
15	quince	80	ochenta	2 000 000	dos millones (de)
16	dieciséis	90	noventa		

Bemerkungen:

1. Verkürzt werden **uno** und die hiermit gebildeten Zahlen, wenn sie unmittelbar vor einem männlichen Substantiv stehen: un marco *eine Mark*, veintiún marcos *21 Mark*.

2. **Ciento** wird zu **cien** verkürzt, wenn ein Substantiv oder eine größere Zahl (mil, millones) folgt: cien marcos *100 Mark*, cien mil marcos *100 000 Mark*, cien millones *100 Millionen*.

3. Nach dem Geschlecht des folgenden Substantivs richten sich **uno, una** sowie die hiermit gebildeten Zahlen und die Hunderter ab **doscientos, -as:** un libro *ein Buch*, una revista *eine Zeitschrift*; veintiún libros *21 Bücher*, treinta y una revistas *31 Zeitschriften*; quinientos libros *500 Bücher*, ochocientas revistas *800 Zeitschriften*.

4. **Mil** bleibt unverändert.

5. **Un millón** ist — im Gegensatz zu den Zahlwörtern ciento und mil, die stets ohne den unbestimmten Artikel gebraucht werden — Substantiv. Mit dem folgenden Substantiv wird es daher durch **de** verbunden: tres millones de habitantes *drei Millionen Einwohner* (dagegen: cien habitantes, mil habitantes).

6. Die Konjunktion **y** *und* steht nur zwischen Zehnern und Einern: cincuenta y uno (dagegen: ciento cinco).

7. Zur Angabe des **Datums** wird nur beim Monatsersten die Ordnungszahl gebraucht; vom zweiten Tag ab werden dagegen ausschließlich die Grundzahlen verwendet. Man beachte auch, daß sowohl vor dem Monatsnamen wie auch vor der Jahreszahl **de** stehen muß:
el primero de octubre de mil novecientos sesenta y nueve *am 1. Oktober 1969*; el doce de diciembre de mil ochocientos ochenta y nueve *am 12. Dezember 1889.*

8. **Zeitangaben** werden wie folgt ausgedrückt: es la una *es ist ein Uhr*, son las dos *es ist 2 Uhr*, son las dos y diez *es ist 10 Minuten nach 2*, son las dos y cuarto *es ist Viertel nach 2*, son las dos y veinte *es ist 20 Minuten nach 2*, son las dos y media *es ist halb 3*, son las tres menos veinte *es ist 20 Minuten vor 3*, son las tres menos cuarto *es ist Viertel vor 3*, son las tres menos cinco *es ist 5 Minuten vor 3*, son las tres en punto *es ist Punkt 3 Uhr*. Demnach wird bis einschließlich halb hinzugezählt (y), nach halb dagegen abgezogen (menos).

2. Die Ordnungszahlen

1.	primero, -a	6.	sexto, -a
2.	segundo, -a	7.	sé(p)timo, -a
3.	tercero, -a	8.	octavo, -a
4.	cuarto, -a	9.	no(ve)no, -a
5.	quinto, -a	10.	décimo, -a

100. centésimo, -a
1000. milésimo, -a

Bemerkungen:

1. Die Ordnungszahlen werden im allgemeinen nur bis 10. gebraucht. Bei höheren Zahlen werden sie durch die entsprechenden Grundzahlen ersetzt: el capítulo veintitrés *das 23. Kapitel.*

2. Die Ordnungszahlen werden wie Adjektive verändert: el cuarto tomo *der 4. Band*, la quinta edición *die 5. Auflage.*

3. Wie bereits auf S. 12 ausgeführt wurde, werden die Ordnungszahlen

primero, tercero und postrero vor männlichen Substantiven im Singular zu primer, tercer und postrer verkürzt: el primer acto *der erste Aufzug*, el tercer capítulo *das dritte Kapitel*, el postrer alumno *der letzte Schüler*.

4. Zur Unterscheidung von **Regenten gleichen Namens** werden von 1—10 die Ordnungszahlen (ohne Artikel!), ab 11 dagegen die Grundzahlen gebraucht: Carlos Quinto *Karl V.*, Luis Catorce *Ludwig XIV.*

5. Zur Angabe des Datums wird, wie bereits auf S. 56 erwähnt wurde, nur beim Monatsersten die Ordnungszahl verwendet (vom zweiten Tag ab stehen die Grundzahlen!): el primero de enero *der erste Januar*.

VIII. Wortstellung

Die übliche Wortstellung des spanischen Aussagesatzes ist:

Subjekt —	**Prädikat** —	**Objekt(e)**
La señora	vende	su casa
Die Dame	*verkauft*	*ihr Haus*

Diese Wortfolge wird auch dann eingehalten, wenn der Satz durch eine Umstandsbestimmung eingeleitet wird: hoy la señora vende su casa *heute verkauft die Dame ihr Haus* (in diesen Fällen verlangt das Deutsche die Inversion).

Bei den zusammengesetzten Zeiten ist darauf zu achten, daß Hilfsverb und Partizip im Spanischen nicht getrennt werden dürfen: ha vendido su casa *sie hat ihr Haus verkauft* (in diesen Fällen tritt im Deutschen das Objekt zwischen Hilfsverb und Partizip).

Daneben haben sich im Spanischen große Freiheiten in der Wortstellung erhalten. So werden häufig andere Satzteile als das Subjekt, wenn sie besonders betont sind, an den Satzanfang gestellt. Beginnt der Satz mit dem Objekt, so wird dieses vor dem Prädikat durch das entsprechende persönliche Fürwort wieder aufgenommen, während das Subjekt meist an den Schluß des Satzes tritt: A Juan le gusta mucho el cuarto *Juan gefällt das Zimmer sehr* (wörtlich: *Juan, ihm gefällt ...*).

Nicht selten tritt auch das Prädikat an den Anfang des Satzes, vor allem dann, wenn die Vorstellung der Handlung oder des Vorganges im Bewußtsein des Sprechenden besonders stark hervortritt (die Fürwörter, vor allem se *sich*, werden in diesen Fällen an das Verb angehängt): Ábrese la puerta *es öffnet sich die Tür*, entran Juan y José *es treten ein Juan und José*.

Die sogenannte Inversion (d. h. Stellung des Subjekts hinter dem Prädikat) tritt ein in Wunsch- und Aufforderungssätzen sowie bei einem in die direkte Rede eingeschobenen Verb des Sagens:

¡Viva el rey! *Es lebe der König!*

¡Venga el médico! *Der Arzt soll kommen!*

Muchas gracias, dijo Juan. *Vielen Dank, sagte Juan.*

Im **Fragesatz** tritt gewöhnlich das Subjekt hinter das Prädikat (und meist auch hinter seine Ergänzungen): ¿ Está en casa el Sr. Silva? *Ist Herr Silva zu Hause?*

Seltener wird die Wortstellung des Aussagesatzes beibehalten:

¿ Juan trabaja hoy? *Juan arbeitet heute?*

Die Verneinungspartikel **no** *nicht* steht immer **vor** dem Verb, in zusammengesetzten Zeiten vor dem Hilfsverb: no vendo la casa *ich verkaufe das Haus nicht*, no he vendido la casa *ich habe das Haus nicht verkauft.*

IX. Präpositionen

a

I. örtlich: a) zur Angabe der Richtung, auch im übertragenen Sinn: voy al mercado *ich gehe zum Markt*; traduzco esta carta del inglés al alemán *ich übersetze diesen Brief vom Englischen ins Deutsche*

b) zur Angabe der Entfernung: a pocos metros de su casa *wenige Meter von seinem Haus entfernt*

c) zur Angabe der örtlichen Nähe oder Lage: a la sombra *im Schatten*; a la ventana *am Fenster*; a orillas del Manzanares *am Ufer des Manzanares*; a la derecha *rechts*; a la mesa *bei Tisch*

II. zeitlich: a) zur Angabe des zeitlichen Ziels, auch im übertragenen Sinn: a poco *kurz darauf*; a más no poder *bis zum Äußersten*; a la entrega *bei Empfang*

b) zur Angabe des Zeitpunkts: a la una *um ein Uhr*; al día siguiente *am folgenden Tag*; a cinco de Mayo *am 5. Mai*; a los treinta años *mit dreißig Jahren*; ¿ a cuántos estamos? *den wievielten haben wir?*

III. zur Bezeichnung der Grenze oder Höhe: a la cintura *bis an die Hüften*; de pies a cabeza *von Kopf bis Fuß*

IV. Art und Weise: a pie *zu Fuß*; a caballo *zu Pferd*; a nado *schwimmend*; a la española *nach spanischer Art*; al por mayor *en gros*; al por menor *en détail*; al contado *gegen bar*; a las buenas *im guten*; a torrentes *in Strömen*

V. zur Angabe des Preises: a 10 pesetas el kilo *das Kilo zu 10 Peseten*

VI. zur Angabe der Beziehung, Ähnlichkeit und Entsprechung: saber a ron *nach Rum schmecken*; a compás *im Takt*

VII. zur Angabe der Einteilung, Aufeinanderfolge: paso a paso *Schritt für Schritt*; dos a dos *zu zwei und zwei*

VIII. zur Angabe des Zwecks nach Verben der Bewegung (außer: salir, partir, marcharse, embarcarse para, entrar en): voy a comer *ich gehe essen*

ante, antes de, delante, hace

ante *vor*: **meist im übertragenen Sinn** in der Bedeutung *angesichts, in Gegenwart von,* aber **auch örtlich:** presentarse ante el pueblo *sich dem Volk zeigen*; encontrarse ante un compromiso *sich einer Verlegenheit gegenübersehen*; ante el espejo *vor dem Spiegel*

antes de *vor*: **zur Angabe des Zeitpunktes:** antes de las tres *vor drei Uhr*; antes de mediodía *vormittags*

delante de *vor*: **zur Angabe des Ortes** in der Bedeutung von *gegenüber*: delante de nuestra casa hay un jardín *vor unserem Haus ist ein Garten*; delante del espejo *vor dem Spiegel*

hace *vor*: **zur Angabe eines Zeitraumes:** hace un año *es ist ein Jahr her* bzw. *vor einem Jahr*

bajo, debajo de

bajo *unter*: **a) zur Angabe des Ortes:** bajo el suelo *unter der Erde*

b) im übertragenen Sinn: bajo palabra *auf Ehrenwort*; bajo juramento *unter Eid*; bajo multa *bei Strafe*

debajo de *unter*: **nur zur Angabe des Ortes:** el lápiz está debajo del libro *der Bleistift liegt unter dem Buch*

con

I. zur Bezeichnung der Begleitung bzw. des begleitenden Umstands: con mi hermana *mit meiner Schwester*; café con leche *Kaffee mit Milch*; con esta lluvia no salgo *bei diesem Regen gehe ich nicht weg*; con aire satisfecho *mit zufriedener Miene*; con mucho gusto *mit Vergnügen, sehr gern*

II. zur Angabe des Mittels oder Werkzeugs: comer con una cuchara *mit einem Löffel essen*; hacer una tarta con manteca, azúcar, huevos, leche y harina *eine Torte aus Butter, Zucker, Eiern, Milch und Mehl backen*

III. zur Bezeichnung des Gegensatzes, der Gegenüberstellung und Folgerung: con todos sus defectos le prefiero a Juan *trotz aller seiner Fehler ist er mir lieber als Juan*; con todo eso *dennoch*

de

I. zur Bezeichnung der örtlichen Herkunft und Richtung oder der Abstammung bzw. des Ursprungs: vengo del médico *ich komme vom Arzt*; el tren de Berlín *der Zug aus Berlin*; soy de Madrid *ich bin aus Madrid*; viene de buena familia *er kommt aus guter Familie*

II. zur Bezeichnung des Stoffes oder Materials: un vestido de seda *ein Seidenkleid*; un anillo de oro *ein goldener Ring*

III. Teil eines Ganzen (partitiv): muchos de mis amigos *viele meiner Freunde*; el mejor de todos *der beste von allen*; una copa de coñac *ein Glas Kognak*

IV. zur Angabe der näheren Bestimmung: el mes de Mayo *der Monat Mai*; la ciudad de Córdoba *die Stadt Córdoba*; la guerra de los treinta años *der Dreißigjährige Krieg*; máquina de escribir *Schreibmaschine*

V. zur Bezeichnung eines Zeitraumes: de noche *abends*; de las cinco a las seis *von fünf bis sechs Uhr*; de vez en cuando *ab und zu*; de verano *im Sommer*

VI. zur Bezeichnung der Ursache oder des Grundes: de miedo *aus Furcht*; de alegría *vor Freude*; de hambre *vor Hunger*

VII. zur Angabe der Beziehung (in bezug auf): cambiar de tren *umsteigen*; mudarse de casa *umziehen*; escaso de dinero *knapp an Geld*

VIII. zur Bezeichnung des Besitzes oder Eigentums: la casa de mis padres *das Haus meiner Eltern*

IX. Art und Weise: de memoria *auswendig*; de repente *plötzlich*; de esta manera *auf diese Art*; estar de luto *Trauer haben*; estar de prisa *es eilig haben*

X. zur Bezeichnung einer charakteristischen Eigenschaft: un hombre de talento *ein begabter Mann*; un vestido de muchos colores *ein buntes Kleid*; una chica de ojos azules *ein Mädchen mit blauen Augen*; servir de criado *Diener sein*; trabajar de chófer *als Chauffeur arbeiten*

XI. zur Verstärkung der Bezeichnung einer Eigenschaft: el pobre de Juan *der arme Juan*; el tonto de tu hermano *dein dummer Bruder*

dentro de

I. räumlich: dentro del cuarto *im Zimmer*

II. zeitlich: dentro de un año *in einem Jahr, binnen eines Jahres*; dentro de poco *binnen kurzem*

desde

I. zeitlich: desde las 8 hasta las 9 *von 8 bis 9 Uhr*; desde ayer *seit gestern*; aber: **desde hace** quince días *seit vierzehn Tagen* (merke: desde bezeichnet einen Zeitpunkt, desde hace einen Zeitraum)

II. örtlich: desde Madrid hasta Burgos *von Madrid nach Burgos*; se exportan naranjas a Alemania desde España *von Spanien werden Apfelsinen nach Deutschland exportiert*

durante

zeitlich: durante la comida *während des Essens*; durante la guerra *während des Krieges*

en

I. örtlich, auch im übertragenen Sinn: en la ciudad *in der Stadt*; en la playa *am Strand*; en España *in Spanien*; en la calle *auf der Straße*; países en vías de desarrollo *Entwicklungsländer*

II. zeitlich: en 1969 *im Jahre 1969*; en el mes de agosto *im Monat August*; en verano *im Sommer*; en breve *in Kürze* (auch: dentro de breve); de día en día *von Tag zu Tag*

III. Art und Weise: en voz alta (baja) *mit lauter (leiser) Stimme*; en perjuicio de *zum Schaden von*; en honor de *zu Ehren von*; en memoria de *zur Erinnerung an*; en estas condiciones *unter diesen Bedingungen*; en español *auf spanisch*; le conocí en el andar *ich erkannte ihn an seinem Gang*

IV. zur Angabe des Ziels: caer en el agua *ins Wasser fallen*; besar en la boca *auf den Mund küssen*

V. zur Angabe des Preises oder Wertes: vender en mil marcos *für 1000 Mark verkaufen*

VI. zur Angabe des Inhalts oder der Beziehung: rico en materias primas *reich an Bodenschätzen*; creer en Dios *an Gott glauben*

VII. adverbiale Redensarten: en absoluto *völlig*; en efecto *tatsächlich*; en silencio *stillschweigend*

entre

I. örtlich: el tren no para entre Gerona y Barcelona *der Zug hält nicht zwischen Gerona und Barcelona*; entre dos luces *im Zwielicht*

II. zeitlich: entre las cuatro y las cinco *zwischen vier und fünf Uhr*; entre semana *die Woche über*

III. im übertragenen Sinn: entre mis amigos *unter meinen Freunden*; entre otras cosas *unter anderem*; hablar entre dientes *halblaut sprechen*

IV. zur Bezeichnung der Unbestimmtheit oder des Übergangs: entre dulce y agrio *halb süß, halb sauer, bittersüß*; entre difícil y costoso *teils schwierig, teils kostspielig*

hacia

I. örtlich: dirigirse hacia el norte *sich nach Norden wenden*; hacia adelante *vorwärts*

II. zeitlich: hacia las cinco *gegen 5 Uhr*

hasta

I. örtlich: hasta Barcelona *bis Barcelona*; hasta aquí *bis hier(her)*

II. zeitlich: hasta las cinco *bis fünf Uhr*; hasta la vista, hasta luego *bis gleich, nachher, bald*; no volverá hasta la noche *er wird erst abends zurückkommen*

III. im übertragenen Sinn: hasta pueden ahorrar *sie können sogar sparen*; hasta los niños lo comprenden *sogar die Kinder verstehen es*

para

I. zur Angabe des Zwecks, Ziels oder der Bestimmung: este regalo es para mi padre *dieses Geschenk ist für meinen Vater*; trabajamos para vivir *wir arbeiten, um zu leben*; tela para forros *Futterstoff*; una lámpara para mi cuarto *eine Lampe für mein Zimmer*

II. zur Angabe der Richtung: un avión para Ibiza *ein Flugzeug nach Ibiza*; salir, partir, marcharse para Berlín *nach Berlin abreisen*; embarcarse para la Argentina *sich nach Argentinien einschiffen*

III. zur Angabe eines Zeitpunkts: lo dejo para mañana *ich lasse es bis morgen*; ¿Para cuándo lo habrás terminado? *Bis wann hast du es fertig?*

IV. zur Angabe eines Vergleichs oder Verhältnisses: es muy listo para la edad que tiene *für sein Alter ist er sehr klug*; poco le alaban para lo que merece *man lobt ihn weniger, als er verdient*

por

I. zur Bezeichnung einer unbestimmten Ortsangabe, vor allem in Verbindung mit Verben der Bewegung: por aquí *hier*; no le veo por ninguna parte *ich sehe ihn nirgends*; pasé por España *ich fuhr durch Spanien*; ¡Demos un paseo por el bosque! *Machen wir einen Spaziergang durch den Wald!*

II. zur Angabe allgemeiner Zeitbestimmungen: por la mañana *morgens*; por la tarde *nachmittags*; por aquellos tiempos *zu jener Zeit*

III. zur Bezeichnung des Urhebers beim Passiv: la casa fue representada por el gerente *die Firma wurde durch den Geschäftsführer vertreten*

IV. zur Angabe des Mittels: envió la carta por avión *er schickte den Brief mit Luftpost*; hacerse comprender por señas *sich durch Zeichen verständlich machen*

V. zur Angabe des Grundes: lo hago por ti *ich mache es deinetwegen*; no podemos salir por la lluvia que hay *wegen des Regens können wir nicht weggehen*; por miedo *aus Furcht*

VI. zur Angabe des Ersatzes oder der Vertretung: fui al teatro por él porque no tenía tiempo *ich ging für ihn ins Theater, weil er keine Zeit hatte*

VII. zur Angabe des Preises oder Tausches: vendimos la casa por cien mil marcos *wir verkauften das Haus für hunderttausend Mark*; me dio su bolígrafo por mi regla *er gab mir seinen Kugelschreiber für mein Lineal*

sobre

I. räumlich: el gato está sobre el techado *der Kater ist auf dem Dach*; poner una pierna sobre otra *die Beine übereinanderschlagen*

II. in übertragener Bedeutung: dio una conferencia sobre un asunto interesante *er hielt einen Vortrag über ein interessantes Thema*; el perro se lanzó sobre el cartero *der Hund stürzte sich auf den Briefträger*

X. Konjunktionen

Die Konjunktionen dienen dazu, Wörter oder Sätze miteinander zu verbinden. Man unterscheidet **gleichordnende** Konjunktionen, die Sätze oder Satzglieder gleicher Ordnung miteinander verbinden, und **unterordnende** Konjunktionen, die Nebensätze einleiten.

A. Gleichordnende Konjunktionen

verbinden **bejahende** oder **verneinende** Sätze (y *und*; también *auch*; tampoco *auch nicht*; además *außerdem*);

drücken zwei oder mehr **Möglichkeiten** aus (o *oder*; o bien, o sea *oder auch*);

drücken einen **Gegensatz** aus (pero *aber*; sin embargo *jedoch*, *trotzdem*; sino *sondern*; al contrario *dagegen*);

drücken eine **Folge** aus (pues *also*; luego, por consiguiente *folglich*, *daher*);

drücken einen in **wechselseitiger Beziehung** stehenden Begriff aus (no sólo ... sino también *nicht nur ... sondern auch*; ni ... ni *weder ... noch*; tanto ... como *ebenso ... wie*; o ... o *entweder ... oder*; ya ... ya *bald ... bald*);

leiten eine **Erklärung** ein (es decir *das heißt*; en efecto *in der Tat*).

B. Unterordnende Konjunktionen

drücken einen **Zeitbegriff** aus (cuando *als*; luego que *sobald als*; hasta que *solange bis*; después que *nachdem*; antes que [mit Konjunktiv] *bevor*);

geben einen **Grund** an (porque *weil*; pues *da ja*; puesto que *da*, *weil*; dado que, ya que *da nun*);

drücken einen **Zweck** aus (para que, a fin [de] que [beide mit Konjunktiv] *damit*);

drücken eine **Bedingung** aus (si *wenn*, *ob*; siempre que *wenn nur*; con tal que *vorausgesetzt*, *daß* [alle mit Konjunktiv]);

drücken eine **Einräumung** aus (aunque, bien que, a pesar de que *obwohl*);

drücken einen **Vergleich** aus (como *wie*; así como *so wie*);

bezeichnen eine **Folge** (de modo que *so daß*).

Die reine grammatische Abhängigkeit wird durch die Konjunktion **que** *daß* bezeichnet.

Über den Gebrauch des Konjunktivs nach bestimmten Konjunktionen s. S. 42, 43.

Sachregister

(Die Zahlen beziehen sich auf die Seiten)